Gustav Freytag, Wilhelm Wagner

Der Staat Friedrichs des Grossen

Bilder aus der deutschen Vergangenheit, 4. Band - with an appendix of poems by

contemporaries of Frederick the Great;

Gustav Freytag, Wilhelm Wagner

Der Staat Friedrichs des Grossen
Bilder aus der deutschen Vergangenheit, 4. Band - with an appendix of poems by contemporaries of Frederick the Great;

ISBN/EAN: 9783743443112

Hergestellt in Europa, USA, Kanada, Australien, Japan

Cover: Foto ©ninafisch / pixelio.de

Manufactured and distributed by brebook publishing software (www.brebook.com)

Gustav Freytag, Wilhelm Wagner

Der Staat Friedrichs des Grossen

𝔓itt 𝔓ress 𝔖eries.

DER STAAT
FRIEDRICHS DES GROSSEN

(BILDER AUS DER DEUTSCHEN VERGANGENHEIT,
VIERTER BAND)

VON

GUSTAV FREYTAG;

WITH AN APPENDIX OF POEMS BY CONTEMPORARIES
OF FREDERICK THE GREAT;

ARRANGED AND ANNOTATED

BY

WILHELM WAGNER, Ph. D.

LATE PROFESSOR AT THE JOHANNEUM, HAMBURG.

EDITED FOR THE SYNDICS OF THE UNIVERSITY PRESS.

Cambridge:
AT THE UNIVERSITY PRESS.

London: CAMBRIDGE WAREHOUSE, 17, Paternoster Row.
Cambridge: DEIGHTON, BELL, AND CO.
Leipzig: F. A. BROCKHAUS.

1881

Cambridge:

PRINTED BY C. J. CLAY, M.A.

AT THE UNIVERSITY PRESS.

PREFACE.

By the liberal permission of the publisher of Gustav Freytag's widely-read *Sketches of German Life*, Dr Salomon Hirzel of Leipzig, we have been enabled to reprint (with a few alterations and excisions) the present most interesting and thoughtful essay on Frederick the Great. The English reader has now an opportunity of comparing the views of an enlightened and patriotic German writer with regard to the great founder of the national strength of Germany—for such Frederick undoubtedly was, thoroughly German to the core, though he wrote only in French—with the immortal work of that most original of modern writers and thinkers, the veteran Thomas Carlyle. Carlyle has himself made use of Freytag's essay in his account of the partition of Poland, and translated not a few passages from it. He speaks of 'Herr Dr Freytag, a man of good repute in literature' with considerable respect—a fact which may of itself serve as a recommendation in the eyes of those who happen to be unacquainted with the numerous works of this very popular author.

In Germany, Gustav Freytag is known both as a dramatist and a novel-writer. He has also exercised considerable influence on the rising generation by his books on popular history (from one of which we have excerpted the present essay) and has formed the taste of many critics and perhaps actors also by his excellent work on the technical aspect of the drama.

We have added three poems by contemporaries of Frederick the Great (Gleim, Kleist, and Schubart), which may serve as specimens of the enthusiasm excited throughout Germany by the great deeds of the Prussian King.

In conclusion, the Editor begs to record his thanks to the Rev. J. W. Cartmell, Fellow and Tutor of Christ's College, and one of the Syndics for the Local Examinations, for many valuable hints and suggestions kindly made while the present work was passing through the press.

HAMBURG,
December, 1876.

Der Staat Friedrichs des Grossen.

Was war es doch, das seit dem dreißigjährigen Kriege die Augen der Politiker auf den kleinen Staat heftete, der sich an der östlichen Nordgrenze Deutschlands gegen Schweden und Polen, gegen Habsburger und Bourbonen heraufrang? Das Erbe der Hohenzollern war kein reichgesegnetes Land, in dem der Bauer behaglich auf wohlbebauter Hufe saß, welchem reiche Kaufherren in schweren Galeonen die Seide Italiens, die Gewürze und Barren der neuen Welt zuführten. Ein armes, verwüstetes Sandland war's, die Städte ausgebrannt, die Hütten der Landleute niedergerissen, unbebaute Aecker, viele Quadratmeilen entblößt von Menschen und Nutzvieh, den Launen der Urnatur zurückgegeben. Als Friedrich Wilhelm 1640 unter den Kurhut trat, fand er nichts als bestrittene Ansprüche auf zerstreute Territorien von etwa 1450 Quadratmeilen, in allen festen Orten seines Stammlandes saßen übermächtige Eroberer. Auf einer unsichern Oede richtete der kluge Fürst seinen Staat ein, mit Heldenkraft und großem Sinn, der mehr als einmal die deutsche Ehre höher faßte, als der Kaiser oder ein anderer Fürst des Reiches. Und als der große Politiker 1688 starb, war was er hinterließ, doch nur ein geringes Volk, gar nicht zu rechnen unter den Mächten Europa's. Denn seine Herrschaft umfaßte zwar 2034 Quadrat-Meilen, aber höchstens 1,300,000 Menschen". Auch als Friedrich II. hundert Jahr nach seinem

Ahnherrn die Regierung antrat, erbte er nicht mehr als
2,240,000 Seelen, weniger als jetzt die eine Provinz Schlesien umfaßt. Was war es also, das sogleich nach den
Schlachten des dreißigjährigen Krieges die Eifersucht aller
5 Regierungen, zumal des Kaiserhauses, erregte, das seither dem
brandenburgischen Wesen so warme Freunde, so erbitterte
Gegner zugeführt hat? Durch zwei Jahrhunderte wurden
Deutsche und Fremde nicht müde auf diesen neuen Staat
zu hoffen, ebenso lange haben Deutsche und Fremde nicht
10 aufgehört ihn zuerst mit Spott, dann mit Haß einen künst-
lichen Bau zu nennen, der starke Stürme nicht auszuhal-
ten vermöge, der ohne Berechtigung sich unter die Mächte
Europa's eingedrängt habe. Und wie kam es endlich, daß
schon nach dem Tode Friedrichs des Großen unbefangene
15 Beurtheiler ermahnten, man möge doch aufhören, dem viel-
gehaßten den Untergang zu prophezeien? Nach jeder Niederlage sei er um so kräftiger in die Höhe geschnellt, alle Schäden
und Kriegswunden würden dort schneller geheilt, als wo
anders; Wohlstand und Intelligenz nehme dort in größeren
20 Verhältnissen zu, als in einem andern Theile von Deutschland!

Allerdings war ein eigenthümliches Wesen, eine neue
Schattirung des deutschen Charakters, was auf dem eroberten
Slavengrunde, in den Hohenzollern und ihrem Volke zu
25 Tage kam. Mit herausfordernder Schärfe erzwang sich dies
Neue Geltung. Es schien, daß die Charaktere dort größere
Gegensätze umschlossen; denn Tugenden und Fehler seiner
Regenten, Größe und Schwäche seiner Politik kamen in
schneidenden Contrasten zu Tage, die Beschränktheiten er-
30 schienen auffälliger, das Widerwärtige massenhafter, das
Bewunderungswerthe erstaunlicher; es schien, daß dieser

Staat das Seltsamste und Ungewöhnlichste erzeugen, und nur die ruhige Mittelmäßigkeit, die sonst so erträglich und förderlich sein mag, nicht ohne Schaden vertragen könne.

Viel that die Lage des Landes. Es war ein Grenzland, zugleich gegen Schweden, Slaven, Franzosen und Holländer. Kaum eine Frage der europäischen Politik gab es, die nicht auf Wohl und Wehe des Staats einwirkte, kaum eine Verwicklung, welche thätigen Fürsten nicht Gelegenheit gab Ansprüche geltend zu machen. Seit dem ersten Jahre, in welchem Kurfürst Friedrich Wilhelm seine eigenen Festungen durch List und Gewalt in Besitz nehmen mußte, wurde offenbar, daß dort an der Ecke des deutschen Bodens ein kräftiges, umsichtiges, waffentüchtiges Regiment zur Rettung Deutschlands nicht entbehrt werden könne. Seit dem Beginn des französischen Krieges von 1674 erkannte Europa, daß die schlaue Politik, welche von dieser kleinen Ecke ausging, auch das staunenswerthe Wagniß unternahm, die Westgrenze Deutschlands gegen den übermächtigen König von Frankreich heldenhaft zu vertheidigen.

Es lag vielleicht auch etwas Auffallendes in dem Stammcharakter des brandenburgischen Volkes, an dem Fürsten und Unterthanen gleichen Theil hatten. Die preußischen Landschaften hatten den Deutschen bis auf Friedrich den Großen verhältnißmäßig wenig von Gelehrten, Dichtern und Künstlern abgegeben. Selbst der leidenschaftliche Eifer der Reformationszeit schien dort abgedämpft. Die Leute, welche in dem Grenzlande saßen, meist von niedersächsischem Stamme, mit geringer Beimischung von Slavenblut, waren ein hartes, knorriges Geschlecht, nicht vorzugsweise anmuthig in den Formen ihres Lebens, aber von einem ungewöhnlich scharfen Verstande, nüchtern im Urtheil. In der Hauptstadt

schon seit alter Zeit spottlustig, von beweglicher Zunge, in
allen Landschaften großer Anstrengungen fähig, arbeitsam,
zäh, von dauerhafter Kraft.

Aber mehr als Lage und Stammcharakter des Volkes
5 schuf dort der Charakter der Fürsten.   In anderer Weise,
als irgendwo seit den Tagen Karl des Großen geschah, haben
sie ihren Staat gebildet.   Manches Fürstengeschlecht zählte
eine Reihe glücklicher Vergrößerer des Staats, auch die
Bourbonen haben weites Gebiet zu einem großen Staats-
10 körper zusammengezogen; manches Fürstengeschlecht hat
einige Generationen tapferer Krieger erzeugt, keines war
tapfrer als die Wasa und die protestantischen Wittelsbacher
in Schweden.   Aber Erzieher des Volkes ist keins gewesen,
wie die alten Hohenzollern.   Als große Gutsherren auf
15 verwüstetem Lande haben sie die Menschen geworben, die
Cultur geleitet, durch fast hundert fünfzig Jahre als strenge
Hauswirthe gearbeitet, gedacht, geduldet und gewagt, um
ein Volk für ihren Staat zu schaffen, wie sie selbst: hart,
sparsam, gescheid, keck, das Höchste für sich begehrend.

20 In solchem Sinne hat man Recht, den Charakter des
preußischen Staats zu bewundern.   Von den vier Fürsten,
welche ihn seit dem deutschen Kriege bis zu dem Tage re-
gierten, wo der greise König in Sanssouci die müden Augen
schloß, hat jeder mit seinen Tugenden und Fehlern wie eine
25 nothwendige Ergänzung seines Vorgängers gelebt.   Kurfürst
Friedrich Wilhelm, der größte Staatsmann aus der Schule
des deutschen Krieges, der prachtliebende erste König Friedrich,
der sparsame Despot Friedrich Wilhelm I., zuletzt er, in
welchem sich die Anlagen und großen Eigenschaften fast aller
30 seiner Vorfahren zusammen fanden, im achtzehnten Jahrhundert die Blüthe des Geschlechts.

Es war ein freudeleeres Leben im Königsschloß zu Berlin, als Friedrich heranwuchs, so arm an Liebe und Sonnenschein, wie in wenig Bürgerhäusern jener rauhen Zeit. Man darf zweifeln, ob der König, sein Vater, oder die Königin größere Schuld an der Zerrüttung des Familienlebens hatten, beide 5 nur durch Fehler ihres Naturells, welche in den unaufhör= lichen Reibungen des Hauses immer größer wurden. Der König, ein wunderlicher Tyrann, mit weichem Herzen, aber einer rohen Heftigkeit, die mit dem Stock Liebe und Vertrauen erzwingen wollte, von scharfem Menschenverstand, aber so 10 unwissend, daß er immer in Gefahr kam, Opfer eines Schurken zu werden, und in dem dunklen Gefühl seiner Schwäche wieder mißtrauisch und von jäher Gewaltsamkeit; die Königin dagegen, keine bedeutende Frau, von kälterem Herzen, mit einem starken Gefühl ihrer fürstlichen Würde, 15 dabei mit vieler Neigung zur Intrigue, ohne Vorsicht und Schweigsamkeit. Beide hatten den besten Willen und gaben sich ehrlich Mühe, ihre Kinder zu tüchtigen und guten Menschen zu machen, aber beide störten unverständig das ge= sunde Aufleben der Kinderseele. Die Mutter hatte die Takt= 20 losigkeit, die Kinder schon im zarten Alter zu Vertrauten ihres Aergers und ihrer Intriguen zu machen; denn über die unholde Sparsamkeit des Königs, über die Schläge, die er so reichlich in seinen Zimmern austheilte, und über die einför= mige Tagesordnung, die er ihr aufzwang, nahm in ihren 25 Gemächern Klage, Groll, Spott kein Ende. Der Kronprinz Friedrich wuchs im Spiel mit seiner älteren Schwester heran, ein zartes Kind mit leuchtenden Augen und wunderschönem blonden Haar. Pünktlich wurde ihm grade so viel gelehrt als der König wollte, und das war wenig genug: kaum etwas 30 lateinische Declination — der große König ist nie über die

Schwierigkeiten des Genitivs und Dativs herausgekommen —,
Französisch, etwas Geschichte, und was einem Soldaten damals
für nöthig galt.   Die Frauen brachten dem Knaben, der sich
gern gehen ließ und in Gegenwart des Königs scheu und
trotzig aus den Kinderaugen sah, das erste Interesse an französischer Literatur bei; er selbst hat später seine Schwester
darum gerühmt, aber auch seine Gouvernante war eine kluge
Französin.   Daß dem König das fremde Wesen verhaßt war,
trug sicher dazu bei, es dem Sohne werth zu machen, denn
fast systematisch wurde in den Appartements der Königin das
gelobt, was dem strengen Hausherrn mißfiel.   Und wenn
der König in der Familie eine seiner polternden frommen
Reden hielt, dann sahen die Prinzeß Wilhelmine und der
junge Friedrich einander so lange bedeutsam an, bis das
herausfordernde Gesicht, das eines der Kinder machte, die
kindische Lachlust erregte und den Grimm des Königs zum
Ausbruch brachte.   Dadurch wurde der Sohn schon in frühen
Jahren dem Vater ein Gegenstand des Aergers.   Einen
effeminirten Kerl schalt er ihn, der sich malpropre halte und
eine unmännliche Freude an Putz und Spielereien habe.

    Aber aus dem Bericht seiner Schwester, deren schonungs-
losem Urtheil der Tadel leichter wird als das Lob, ist auch zu
sehen, wie die Liebenswürdigkeit des reichbegabten Knaben auf
seine Umgebung wirkte.   Aber selbst bei harmlosen Freuden
wurde der Prinz fortwährend in Lüge, Täuschung, Verstellung gedrängt.   Er war stolz, hochgesinnt, großmüthig,
von rücksichtsloser Wahrheitsliebe.   Daß ihm die Verstellung
innerlichst widerstand, daß er sich, wo sie verlangt wurde,
nicht dazu herablassen wollte, und wo er es einmal that,
ungeschickt heuchelte, das machte seine Stellung zum Vater
immer schwieriger, größer wurde das Mißtrauen des Königs,

immer wieder brach dem Sohn das verletzte Selbstgefühl als Trotz hervor.

So wuchs er auf von plumpen Spionen umgeben, welche dem König jedes Wort zutrugen. Ein Gemüth von den reichsten Anlagen, der feinsten geistigen Begehrlichkeit, ohne 5 jede männliche Gesellschaft, die für ihn gepaßt hätte. Kein Wunder, daß der Jüngling auf Abwege gerieth. Der preußische Hof konnte im Vergleich zu den andern Höfen Deutschlands für einen sehr tugendhaften gelten; aber seit einem Besuch an dem lüderlichen Hofe in Dresden begann 10 es Prinz Friedrich zu treiben, wie andere Prinzen seiner Zeit, er fand gute Kameraden unter den jungen Officieren seines Vaters. Wir wissen aus dieser Zeit wenig von ihm, aber wir dürfen schließen, daß er dabei allerdings in einige Gefahr kam, nicht zu verderben, aber in Schulden und unbedeutenden 15 Verhältnissen werthvolle Jahre zu verlieren. Es war sicher nicht der steigende Unwille des Vaters allein, der ihn in dieser Zeit verstimmte und rathlos umherwarf, sondern eben so sehr ein inneres Mißbehagen, das den unfertigen Jüngling um so wilder in die Irre treibt, je größer die stillen An= 20 sprüche sind, die sein Geist an das Leben macht.

Er beschloß nach England zu entfliehen. Wie die Flucht mißlang, wie der Zorn des Vaters gegen den fahnenflüchtigen Officier aufbrannte, ist bekannt. Mit den Tagen seiner Gefangenschaft in Küstrin und dem Aufenthalt in Ruppin 25 begannen seine ernsten Lehrjahre. Das Fürchterliche, das er erfahren, hatte auch neue Kraft in ihm wach gerufen. Er hatte alle Schrecken des Todes, die greulichsten Demüthi= gungen mit fürstlichem Stolze ertragen. Er hatte über die größten Räthsel des Lebens, über den Tod und was darauf 30 folgen soll, in der Einsamkeit seines Gefängnisses nachgedacht,

er hatte erkannt, daß ihm nichts als Ergebung, Geduld,
ruhiges Ausharren übrig bleibe. Aber das bittere, herzfres=
sende Unglück ist doch keine Schule, welche nur das Gute
herausbildet; auch manche Fehler wachsen dabei groß. Er
5 lernte in stiller Seele seine Entschlüsse bewahren, mit Arg=
wohn auf die Menschen sehn und sie als seine Werkzeuge
gebrauchen, sie täuschen und mit einer kalten Klugheit lieb=
kosen, von welcher sein Herz nichts wußte. Er mußte dem
feigen, gemeinen Grumbkow schmeicheln, und froh sein, daß
10 er ihn allmählich für sich gewann; er mußte sich Jahre
lang immer wieder Mühe geben, den Widerwillen und das
Mißtrauen des harten Vaters klug zu bekämpfen. Immer
sträubte sich seine Natur gegen solche Demüthigung, durch
bittern Spott suchte er sein geschädigtes Selbstgefühl geltend
15 zu machen; sein Herz, das für alles Edle erglühte, bewahrte
ihn davor, ein harter Egoist zu werden, aber milder, versöhn=
licher wurde er nicht.

Doch er lernte in diesen Jahren auch etwas Nützliches
ehren: die strenge Wirthschaftlichkeit, mit welcher die be=
20 schränkte, aber tüchtige Kraft seines Vaters für das Wohl des
Landes und seines Hauses sorgte. Wenn er, um dem König
zu gefallen, Pachtanschläge machen mußte, wenn er sich
Mühe gab, den Ertrag einer Domäne um einige hundert
Thaler zu steigern, wenn er auch auf die Liebhabereien des
25 Königs mehr als billig einging und ihm den Vorschlag machte,
einen langen Schäfer aus Mecklenburg als Rekruten zu
entführen, so war im Anfang allerdings diese Arbeit nur ein
lästiges Mittel den König zu versöhnen; denn Grumbkow
sollte ihm einen Mann schaffen, der die Tare statt seiner
30 machte. die Amtleute und Kammerbeamten selbst gaben ihm
an die Hand, wie hie und da ein Plus zu gewinnen war,

und über die Riesen spottete er immer noch, wo er das
ungestraft konnte. Aber die neue Welt, in die er versetzt war,
die praktischen Interessen des Volkes und des Staates zogen
ihn doch allmählich an. Es war leicht einzusehen, daß auch die
Wirthschaftlichkeit seines Vaters oft tyrannisch und wunder- 5
lich war. Der König hatte immer die Empfindung, daß er
nichts als das Beste seines Landes wollte, und deßhalb nahm
er sich die Freiheit mit der größten Willkür bis in das
Einzelne in Besitz und Geschäft der Privatpersonen einzu-
greifen. Den klugen Sinn und die wohlwollende Absicht, 10
die hinter solchen Erlassen erkennbar war, lernte der Sohn
doch ehren, und er selbst eignete sich allmählich eine Menge
von Detailkenntnissen an, die sonst einem Fürstensohn nicht
geläufig werden: Werthe der Güter, Preise der Lebensmittel,
Bedürfnisse des Volkes, Gewohnheiten, Rechte und Pflichten 15
des kleinen Lebens. Es ging sogar auf ihn viel von dem
Selbstgefühl über, womit der König sich dieser Geschäftskennt-
nisse rühmte. Und als er der allmächtige Hauswirth seines
Staates geworden, da wurde der unermeßliche Segen offenbar, den seine Kenntniß des Volkes und des Verkehrs haben 20
sollte. Nur dadurch wurde die weise Sparsamkeit möglich,
mit welcher er sein eigenes Haus und die Finanzen verwal-
tete, seine unabläffige Sorge für das Detail, wodurch er
Landbau, Handel, Wohlstand, Bildung seines Volkes erhob.
Wie die Tagesrechnungen seiner Köche, so mußte er die 25
Anschläge zu prüfen, in denen die Einkünfte der Domänen,
Forsten, der Accise berechnet waren. Daß er das Kleinste
wie das Größte mit scharfem Auge übersah, das verdankte sein
Volk zum größten Theil den Jahren, in denen er gezwungen
als Assessor am grünen Tische zu Ruppin saß. Und zuweilen 30
begegnete ihm selbst, was zu seines Vaters Zeit ärgerlich ge-

wesen war, daß seine Kenntniß der geschäftlichen Einzelheiten
doch nicht groß genug war, und daß er hier und da, grade
wie sein Vater, befahl, was gewaltsam in das Leben seiner
Preußen einschnitt und nicht durchgeführt werden konnte.

5   Kaum hatte Friedrich die Schläge der großen Katastrophe
ein wenig verwunden, da traf ihn ein neues Unglück, seinem
Herzen eben so schrecklich wie das erste, in seinen Folgen noch
verhängnißvoller für sein Leben. Der König zwang ihm
eine Gemahlin auf. Herzerschütternd ist das Weh, in dem er
10 ringt, sich von der erwählten Braut loszumachen. „Sie soll
frivol sein, so viel sie will, nur nicht einfältig, das ertrage ich
nicht." Es war alles vergebens. Mit Bitterkeit und Zorn
sah er auf diese Verbindung bis kurz vor der Vermählung.
Nie hat er den Schmerz überwunden, daß der Vater dadurch
15 sein inneres Leben zerstört habe. Seine reizbare Empfindung,
das liebebedürftige Herz, sie waren in rohester Weise verkauft.
Nicht er allein wurde dadurch unglücklich, auch eine gute
Frau, die des besten Schicksals werth gewesen wäre. Die
Prinzessin Elisabeth von Bevern hatte viele edle Eigenschaften
20 des Herzens, sie war nicht einfältig, sie war nicht häßlich und
vermochte selbst vor der herben Kritik der Fürstinnen des
königlichen Hauses erträglich zu bestehen. Aber wir fürchten,
wäre sie ein Engel gewesen, der Stolz des Sohnes, der im
Kern seines Lebens durch die unnöthige Barbarei des
25 Zwanges empört war, hätte dennoch gegen sie protestirt. Und
doch war das Verhältniß nicht zu jeder Zeit so kalt, wie man
wohl annimmt. Sechs Jahre gelang es der Herzensgüte und
dem Takt der Prinzessin, den Kronprinzen immer wieder zu
versöhnen. In der Zurückgezogenheit von Rheinsberg war
30 sie in der That seine Hausfrau und eine liebenswürdige
Wirthin seiner Gäste, und schon wurde von den österreichischen

Agenten an den Wiener Hof berichtet, daß ihr Einfluß im Steigen sei. Aber der bescheidenen Anhänglichkeit ihrer Seele fehlten zu sehr die Eigenschaften, welche einen geistreichen Mann auf die Dauer zu fesseln vermögen. Die aufgeweckten Kinder des Hauses Brandenburg hatten das Bedürfniß ihr 5 leichtbewegtes Innere launig, schnell und scharf nach außen zu kehren. Die Prinzessin wurde, wenn sie erregt war, still, wie gelähmt, die leichte Grazie der Gesellschaft fehlte ihr. Das paßte nicht zusammen. Auch die Art, wie sie den Gemahl liebte, pflichtvoll, sich immer unterordnend, wie ge= 10 bannt und gedrückt von seinem großen Geiste, war dem Prinzen wenig interessant, der mit der französischen geistrei= chen Bildung auch nicht wenig von der Frivolität der fran= zösischen Gesellschaft angenommen hatte.

Als Friedrich König wurde, verlor die Fürstin schnell den 15 geringen Antheil, den sie sich am Herzen ihres Gemahls etwa erworben hatte. Die lange Abwesenheit im ersten schlesischen Kriege that das Letzte, den König von ihr zu entfernen. Im= mer sparsamer wurden die Beziehungen der Gatten, es ver= gingen Jahre, ohne daß sie einander sahen, eine eisige 20 Kürze und Kälte ist in seinen Briefen erkennbar. Daß der König ihren Charakter so hoch achten mußte, erhielt sie in der äußeren Stellung. — Seine Verhältnisse mit Frauen waren seitdem wenig einflußreich auf sein inneres Empfinden; selbst seine Schwester von Baireuth, kränklich, nervös, verbittert 25 durch Eifersucht auf einen ungetreuen Gemahl, wurde dem Bruder auf Jahre fremd, und erst, als sie sich für das eigene Leben resignirt hatte, suchte dies stolze Kind des Hauses Brandenburg alternd und unglücklich wieder das Herz des Bruders, dessen kleine Hand sie einst vor den Füßen des 30 strengen Vaters gehalten hatte. Auch die Mutter, der König

Friedrich immer ausgezeichnete kindliche Verehrung bewies, konnte der Seele des Sohnes wenig sein. Seine andern Geschwister waren jünger und nur zu geneigt, im Haus stille Fronde gegen ihn zu machen. Wo er freilich Geist, Grazie
5 und weibliche Würde zusammen fand, wie bei Frau von Camas, der Oberhofmeisterin seiner Gemahlin, da wurde die Liebenswürdigkeit seiner Natur in vielen herzlichen Aufmerksamkeiten laut. Im Ganzen aber haben die Frauen seinem Leben wenig Licht und Glanz gegeben, kaum je hat die innige
10 Herzlichkeit des Familienlebens sein Inneres erwärmt, nach dieser Seite verödete sein Gemüth. Vielleicht wurde das ein Glück für seine Nation, sicher ein Verhängniß für sein Privatleben. Die volle Wärme seiner menschlichen Empfindung blieb fast ausschließlich dem kleinen Kreise der Vertrauten
15 vorbehalten, mit denen er lachte, dichtete, philosophirte, Pläne für die Zukunft machte, später seine Kriegsoperationen und Gefahren besprach.

Seit er vermählt in Rheinsberg lebte, beginnt der beste Theil seiner Jugendzeit. Dort wußte er eine Anzahl ge
20 bildeter und heiterer Gesellschafter um sich zu vereinigen, die kleine Genossenschaft führte ein poetisches Leben, von welchem Theilnehmer ein anmuthiges Bild hinterlassen haben. Ernsthaft begann Friedrich an seiner Bildung zu arbeiten. Leicht fügte sich ihm der Ausdruck erregter Empfindung in den
25 Zwang französischer Verse, unablässig arbeitete er, sich die Feinheiten des fremden Stils anzueignen. Aber auch über Ernsterem arbeitete sein Geist, für alle höchsten Fragen des Menschen suchte er sehnsüchtig Antwort bei den Encyclopädisten, auch bei Christian Wolf, er saß über Karten und
30 Schlachtpläne geneigt, und unter den Rollen des Liebhabertheaters und den Baurissen wurden andere Projecte vor-

bereitet, welche nach wenig Jahren die Welt aufregen
sollten.

Da kam der Tag, an welchem sein sterbender Vater der
Regierung entsagte und den Officier, der die Tagesmeldung
that, anwies, von dem neuen Kriegsherrn Preußens die 5
Befehle einzuholen. Wie der Prinz von seinen politischen
Zeitgenossen damals beurtheilt wurde, sehen wir aus der
Charakteristik, welche kurz vorher ein österreichischer Agent
von ihm gemacht hatte: „Er ist anmuthig, trägt eignes Haar,
hat eine schlaffe Haltung, liebt schöne Künste und gute Küche, 10
er möchte seine Regierung gern mit einem Eclat anfangen, ist
ein soliderer Freund des Militärs als sein Vater, hat die
Religion eines honetten Mannes, glaubt an Gott und die
Vergebung der Sünden, liebt Glanz und großartiges Wesen,
er wird alle Hofchargen neu etabliren und vornehme Leute 15
an seinen Hof ziehen." Nicht ganz ist diese Prophezeiung
gerechtfertigt worden. Wir suchen in dieser Zeit andre
Seiten seines Wesens zu verstehen. Der neue König war
von feuriger enthusiastischer Empfindung, schnell erregt, leicht
kamen die Thränen in seine Augen. Wie seinen Zeitgenossen 20
war ihm leidenschaftliches Bedürfniß das Große zu bewundern, sich weichen Stimmungen elegisch hinzugeben. Zärtlich
blies er sein Adagio auf der Flöte, wie andern ehrlichen Zeitgenossen ward auch ihm in Wort und Vers der volle Ausdruck innigen Gefühls nicht leicht, aber die pathetische Phrase 25
rührte ihm Thränen und Empfindsamkeit auf. Trotz aller
französischen Sentenzen war die Anlage seines Wesens auch
nach dieser Richtung sehr deutsch.

Sehr ungerecht haben ihn die beurtheilt, welche ihm ein
kaltes Herz zuschrieben. Nicht die kalten Fürstenherzen sind 30
es, die am meisten durch ihre Härte verletzen. Solchen ist

faſt immer vergönnt, durch gleichmäßige Huld und ſchicklichen
Ausdruck ihre Umgebung zu befriedigen.   Die ſtärkſten
Aeußerungen der Nichtachtung liegen in der Regel dicht
neben den herzgewinnenden Lauten einer weichen Zärtlichkeit.

5 Aber in Friedrich war, ſo ſcheint uns, eine auffallende und
ſeltſame Verbindung von zwei ganz entgegengeſetzten Richtungen des Gemüths, welche ſonſt auf Erden in ewig unver-
ſöhntem Kampfe liegen.   Er hatte ebenſo ſehr das Bedürfniß
ſich das Leben zu idealiſiren, als den Drang, ſich und Andern

10 ideale Stimmungen unbarmherzig zu zerſtören.   Seine erſte
Eigenſchaft war vielleicht die ſchönſte, vielleicht die leibvollſte,
mit welcher ein Menſch für den Kampf der Erde ausgeſtattet
wird.   Er war allerdings eine Dichternatur, er beſaß in
hohem Grade jene eigenthümliche Kraft, welche die gemeine

15 Wirklichkeit nach idealen Forderungen des eigenen Weſens
umzubilden ſtrebt und alles Nahe mit dem holden Schein
eines neuen Lebens überzieht.   Es war ihm Bedürfniß, mit
dem ganzen Zauber eines beweglichen Gefühls, mit der Grazie
ſeiner Phantaſie das Bild ſeiner Lieben ſich zuzurichten und

20 das Verhältniß, in das er ſich frei zu ihnen geſetzt hatte, aus-
zuſchmücken.   Es war immer etwas Spiel dabei; auch wo er
am leidenſchaftlichſten empfand, liebte er mehr ſein ver-
ſchönertes Bild des Andern, das er in ſich trug, als dieſen
ſelbſt.   In ſolcher Stimmung hat er Voltaire's Hand geküßt.

25 Wurde ihm irgend einmal in empfindlicher Weiſe der Unter-
ſchied zwiſchen ſeinem Ideal und dem wirklichen Menſchen
fühlbar, ſo ließ er den Menſchen fallen und hielt ſich an das
Bild.   Wem die Natur dieſe Anlage gegeben hat, Liebe und
Freundſchaft vorzugsweiſe durch das bunte Glas poetiſcher

30 Stimmungen zu empfinden, der wird nach dem Urtheil Anderer in der Wahl ſeiner Lieben immer Willkür zeigen; eine

gewisse gleichmäßige Wärme, welche rücksichtsvoll Alle bedenkt, scheint solchen Naturen versagt zu sein. Wem der König in seiner Weise Freund geworden war, gegen den war er von der größten Aufmerksamkeit und Ausdauer, wie sehr auch seine Stimmung in einzelnen Momenten wechselte. Er konnte dann in seiner Trauer über den Verlust einer solchen Gestalt sentimental werden, wie nur irgend ein Deutscher aus der Wertherperiode. Er hatte mit seiner Schwester von Baireuth viele Jahre in einiger Entfremdung gelebt, erst in den letzten Jahren vor ihrem Tode, unter den Schrecken des schweren Krieges, war ihm ihr Bild als das einer zärtlichen Schwester wieder lebendig aufgegangen. Nach ihrem Tode fand er einen düstern Genuß darin, das Herzliche dieses Verhältnisses sich und Andern vorzustellen; er baute ihr einen kleinen Tempel und wallfahrtete oft dahin. Wer seinem Herzen nicht durch Vermittlung poetischer Empfindungen nahe trat, nicht die liebespinnende Poesie ihm anregte, ja wer gar etwas in seinem reizbaren Wesen störte, gegen den war er kalt, nichtachtend, gleichgültig, ein König, der nur frug, wie weit der Andere ihm nütze, er warf ihn vielleicht weg, wenn er ihn nicht mehr brauchte. Solche Begabung vermag allerdings das Leben des jungen Mannes mit einem verklärenden Schimmer zu umgeben, sie verleiht bunten Schein und holde Farbe auch Gewöhnlichem, aber sie wird mit viel guter Sitte, Pflichtgefühl und einem Sinn, der Höheres will als sich selbst, verbunden sein müssen, wenn sie denselben Mann in höherem Alter nicht isoliren und verdüstern soll. Sie wird auch im günstigsten Falle neben den wärmsten Verehrern bittere Feinde aufregen. Sie wird doppelt verhängnißvoll für einen König, dem Andere so selten sicher und gleichberechtigt gegenüber treten, dem die offenherzigsten Freunde immer noch

bewundernde Schmeichler werden, ungleich in ihrem Ver-
halten, bald unfrei im höfischen Banne seiner Majestät, bald
im Gefühl ihrer Rechte unzufriedene Tadler.

Dem König Friedrich aber wurde dieses Bedürfniß·nach
5 idealen Verhältnissen und die Sehnsucht nach Menschen, die
seinem Herzen Gelegenheit gaben, sich rückhaltslos aufzu-
schließen, zunächst durch seinen durchdringenden Scharfblick
gekreuzt, und durch eine unbestechliche Wahrheitsliebe, welche
allen Täuschungen feind war, sich gegen jede Illusion un-
10 willig sträubte, den Schein überall verachtete, immer dem
Kern der Dinge nachspürte. Diese prüfende Auffassung des
Lebens und seiner Pflichten allein mochte ihm ein guter
Schutz gegen die Täuschungen werden, welche den phantasie-
vollen Fürsten, wo er Vertrauen schenkt, häufiger kränken als
15 den Privatmann. Aber sein Scharfsinn zeigte sich auch als
wilde Laune, welche schonungslos, sarkastisch und spottlustig
verwüstete. Scharf ist sein Blick für die Schwächen Anderer; wo er eine Blöße erspäht, wo ihn fremde Art ärgert
oder reizt, da rührt sich ihm die bewegliche Zunge. Freunde
20 und Feinde trifft schonungslos sein Wort; auch wo Schwei-
gen und Ertragen von jeder Vorsicht geboten ist, vermag er
nicht sich zu beherrschen; dann ist seine Seele wie verwandelt,
erbarmungslos, unendlich, übertreibend verzieht er sich das
Bild des Andern zur Karrikatur. Sieht man näher zu, so ist
25 freilich auch hierbei die Freude an der geistigen Production
die Hauptsache, er befreit sich selbst von einem unholden
Eindruck, indem er gegen sein Opfer improvisirt, er malt in's
Groteske mit innerem Behagen, und er wundert sich wohl,
wenn der Betroffene tief verletzt auch wieder gegen ihn in
30 Waffen tritt. Sehr auffallend ist darin seine Aehnlichkeit
mit Luther. Daß es nicht würdig ist und vielleicht nicht

geziemend, kümmert den König so wenig als den Reformator,
beide sind in einer Aufregung, wie auf der Jagd, beide ver=
gessen über die Freude des Kampfes gänzlich die Folgen.
Beide haben sich selbst und ihrer großen Sache dadurch ernst=
haft geschadet und sich aufrichtig gewundert, wenn sie das 5
einmal erkannten. Freilich sind die Keulenschläge, welche der
große Mönch des sechzehnten Jahrhunderts führt, bei Weitem
furchtbarer als die Stiche, welche der große Fürst im Zeitalter
der Aufklärung austheilt. Aber wenn der König neckt und
höhnt und vielleicht einmal boshaft zwickt, so wird ihm das 10
unartige Wesen schwerer verziehen; denn es ist häufig kein
gleicher Kampf, den er mit seinen Opfern führt. So hat der
große Fürst alle seine politischen Gegner behandelt und tödtliche
Feindschaft gegen sich aufgeregt; über die Pompadour in
Frankreich, über Kaiserin Elisabeth und Kaiserin Maria 15
Theresia hat er an der Tafel gescherzt, beißende Verse und
Pamphlete in Umlauf gesetzt. So hat er sein Dichterideal
Voltaire bald gestreichelt, bald gescholten und gekratzt. So
verfuhr er aber auch mit Menschen, welche er wirklich hoch
schätzte, denen er das größte Vertrauen schenkte, die er in den 20
Kreis seiner Freunde aufgenommen. Er hatte den Marquis
d'Argens an seinen Hof gezogen, zum Kammerherrn gemacht.
zum Mitglied der Akademie, zu einem seiner nächsten und
liebsten Genossen. Die Briefe, welche er ihm aus den Feld=
lagern des siebenjährigen Krieges schrieb, gehören zu den 25
schönsten und rührendsten Erinnerungen, die uns von dem
Könige geblieben sind. Als Friedrich aus dem Kriege heim=
kehrt, ist ihm eine liebe Hoffnung, daß der Marquis bei ihm
in Sanssouci wohnen soll. Und wenige Jahre darauf ist
dieses schöne Verhältniß in der peinlichsten Weise gelöst. Wie 30
war das doch möglich? Der Marquis war vielleicht der beste

Franzose, den der König an sich gefesselt, ein Mann von Ehre, feinfühlend, gebildet, dem König in Wahrheit ergeben. Aber er war weder ein bedeutender, noch ein besonders kräftiger Mann. Lange Jahre hatte der König in ihm einen Gelehr-
5 ten bewundert, was er nicht war, einen weisen, klaren, sichern Philosophen mit gefälligem Witz und frischer Laune, er hatte sich sein Bild ganz gemüthlich und poetisch zugerichtet. Jetzt, bei dem täglichen Zusammensein, fand der König sich ge-täuscht, ein weichliches Wesen des Franzosen, das mit der
10 eigenen Kränklichkeit hypochondrisch spielte, ärgerte ihn; er begann zu erkennen, daß der gealterte Marquis weder ein großes Talent, noch von besonders starkem Geist war; das Ideal, das er sich von ihm gemacht, war gestört. Da be-ginnt der König ihn wegen seiner Weichlichkeit zu verspotten,
15 der empfindliche Franzose erbittet Urlaub, zur Herstellung seiner Gesundheit auf einige Monate nach Frankreich zu reisen. Der König ist durch dies übellaunische Wesen verletzt, und fährt fort, in den Freundesbriefen, welche er ihm nach-sendet, dies Krankthum zu höhnen. In Frankreich solle sich
20 jetzt ein Wärwolf zeigen, kein Zweifel, daß der Marquis dies sei, als Preuße, und in seiner kläglichen Krankenhülle. Ob er jetzt kleine Kinder esse? Die Unart habe er doch sonst nicht gehabt, aber auf Reisen ändere sich Vieles am Menschen. Der Marquis bleibt statt weniger Monate zwei
25 Winter; als er zurückkehren will, sendet er Zeugnisse seiner Aerzte; wahrscheinlich war der wackre Mann in der That krank gewesen, aber den König verletzt diese unbehilfliche Legitimation eines alten Freundes im Innersten. Und wie dieser zurückkehrt, ist das alte Verhältniß verdorben. Noch
30 will ihn der König nicht loslassen, aber er gefällt sich darin, durch Stachelreden und starke Scherze den Treulosen zu

strafen.' Da fordert der Franzose, in tiefster Seele gekränkt,
seine Entlassung. Er erhält sie, und man erkennt den
Schmerz und Zorn des Königs aus dem Bescheide. Als
der Marquis in dem letzten Brief, den er vor seinem Tode
dem König schrieb, noch einmal nicht ohne Bitterkeit vorhält,   5
wie höhnend und schlecht er einen uneigennützigen Verehrer
behandelt, da las der König schweigend den Brief. Aber an
die Wittwe des Todten schrieb er betrübt von seiner Freund=
schaft für ihren Gatten, und ließ ihm in fremdem Land ein
kostbares Denkmal errichten. — Mit den meisten seiner Lieben 10
ging es dem großen Fürsten so; magisch wie seine Kraft, anzu=
ziehen, ebenso dämonisch war seine Fähigkeit, abzustoßen. Wer
aber darin einen Fehler des Mannes schelten will, dem sei die
Antwort, daß es in der Geschichte kaum einen andern König
gegeben hat, der in so großartiger Weise sein geheimstes See= 15
lenleben seinen Freunden aufgeschlossen hat, als Friedrich.

Wenige Monde trug Friedrich II. die Krone, da starb
Kaiser Karl VI. Jetzt trieb den jungen König Alles, ein
großes Spiel zu wagen. Daß er solchen Entschluß faßte,
war trotz der augenblicklichen Schwäche Oesterreichs doch an 20
sich Zeichen eines kecken Muths. Die Länder, welche er
regierte, zählten etwa ein Siebentheil der Menschenmasse,
welche in dem weiten Gebiet der Maria Theresia lebte. Es
ist wahr, sein Heer war vorläufig dem österreichischen an Zahl
und Kriegstüchtigkeit weit überlegen, und nach der Vorstellung 25
der Zeit war die Masse des Volkes nicht in der Weise zur
Ergänzung des Heeres geeignet, wie jetzt. Und wenig ahnte
er die Größe Maria Theresia's. Aber schon in den Vor=
bereitungen zum Einmarsch bewies der König, daß er lange
darauf gehofft, sich mit Oesterreich zu messen, in gehobener 30
Stimmung begann er einen Kampf, der für sein Leben und

das seines Staates entscheidend werden sollte. Wenig küm-
merte ihn im Grunde das Recht, welches er auf schlesische
Herzogthümer etwa noch hatte und durch seine Federn vor
Europa zu erweisen suchte. Die Politik der despotischen
5 Staaten des siebenzehnten und achtzehnten Jahrhunderts
sorgte darum überhaupt nicht. Wer seiner Sache einen guten
Schein geben konnte, benutzte auch dieses Mittel; im Nothfall
war auch der unwahrscheinlichste Beweis, der schalste Vor-
wand genug. So hatte Ludwig XIV. gekriegt, so hatte der
10 Kaiser gegen die Türken, Italiener, Deutschen, Franzosen und
Spanier sein Interesse verfolgt, so war dem großen Kurfürsten
ein Theil seiner Erfolge durch Andere verdorben worden.
Grade da, wo das Recht der Hohenzollern am deutlichsten
gesprochen hatte, — wie in Pommern, — waren sie am meisten
15 verkürzt worden, und durch Niemand mehr als durch den
Kaiser und das Haus Habsburg. Jetzt suchte ein Hohenzollern die Rache. „Sei mein Cicero und beweise das
Recht meiner Sache, ich werde dein Cäsar sein und sie durch-
führen," schrieb Friedrich seinem Jordan nach dem Einmarsch
20 in Schlesien. Leicht mit beflügeltem Schritt wie zum Tanze
betrat der König die Felder seiner Siege. Immer noch war
heiterer Lebensgenuß, das süße Tändeln mit Versen, geistvolles
Geplauder mit seinen Vertrauten über die Freuden des
Tages, über Gott, Natur und Unsterblichkeit, was er für das
25 Salz seines Lebens hielt. Aber die große Arbeit, in die er
getreten war, begann ihre Wirkungen auf seine Seele schon
nach den ersten Wochen, bevor er noch die Feuerprobe der
ersten großen Schlacht durchgemacht hatte. Und sie hat
seitdem an seiner Seele gehämmert und geschmiedet, bis sie
30 sein Haar grau färbte und das feurige Herz zu klingendem
Metall verhärtete. Mit der wundervollen Klarheit, die ihm

eigen war, beobachtete er den Beginn dieser Aenderungen. Wie ein Fremder sah er schon damals auf sein eigenes Leben. „Du wirst mich philosophischer finden, als du denkst," schreibt er dem Freunde, „ich bin es immer gewesen, bald mehr bald weniger. Meine Jugend, das Feuer der Leidenschaft, das Verlangen nach Ruhm, ja, um dir Nichts zu verbergen, auch die Neugierde, endlich ein geheimer Instinkt haben mich aus der süßen Ruhe getrieben, die ich genoß, und der Wunsch, meinen Namen in der Geschichte zu setzen, hat mich seitab geführt. Komm her zu mir, die Philosophie behält ihre Rechte, und ich versichere dich, wenn ich nicht diese verdammte Vorliebe für den Ruhm hätte, ich würde nur an ruhiges Behagen denken."

Und als der treue Jordan in seine Nähe kommt und er den Mann des friedlichen Genusses furchtsam und unbehaglich im Felde sieht, da empfindet der König plötzlich, daß er ein Anderer und Stärkerer geworden ist. Der Ankommende war von ihm so lange als der Gelehrtere geehrt worden, er hatte ihm Verse gebessert, Briefe stilisirt, in Kenntniß der griechischen Gelehrtenschulen war er ihm weit überlegen gewesen. Und troß aller philosophischen Bildung machte er dem König jetzt den Eindruck eines Mannes ohne Muth; mit herbem Spotte fuhr der König gegen ihn los. Und in einer seiner besten Improvisationen stellt er sich selbst als Krieger dem weichlichen Philosophen gegenüber. So unbillig die Spottverse waren, mit denen er ihn immer wieder überschüttete, so schnell war doch auch die Rückkehr der alten herzlichen Empfindung. Aber es war auch der erste leise Fingerzeig des Schicksals für den König selbst; noch oft sollte ihm das Gleiche begegnen, er sollte werthe Männer, treue Freunde einen nach dem andern verlieren, nicht nur durch

F.

3

den Tod, noch mehr durch die Kälte und Entfremdung, welche
zwischen seinem und ihrem Wesen sich aufthat. Denn der
Weg, den er jetzt betreten hatte, sollte alle Größe, aber auch
alle Einseitigkeiten seiner Natur immer stärker ausbilden, bis
5 an die Grenze des Menschlichen; je höher er sich selbst über
die Andern erhob, desto kleiner mußte ihm ihr Wesen erscheinen; fast Alle, die er in späteren Jahren mit dem eigenen
Maße maß, waren wenig im Stande, dabei zu bestehen. Und
das Mißbehagen und die Enttäuschung, die er dann empfinden
10 sollte, wurden wieder schärfer und rücksichtsloser, bis er selbst
auf einsamer Höhe aus Augen, die wie Horn in dem ver-
steinerten Antlitz standen, auf das Treiben der Menschen zu
seinen Füßen heruntersah. Immer aber bis zu seinen letzten
Stunden wurde der durchdringende Strahl seines prüfenden
15 Blickes unterbrochen durch den hellen Glanz einer weichen
menschlichen Empfindung. Und daß diese ihm blieb, macht
die große tragische Gestalt für uns so rührend.

Jetzt freilich im ersten Kriege sieht er auf die stille Ruhe
seines „Remusberg" noch mit Sehnsucht zurück und tief fühlt
20 er den Zwang eines ungeheuren Geschicks, der ihn bereits um-
giebt. „Es ist schwer, mit Gleichmuth dies Glück und
Unglück zu ertragen," schreibt er; „wol kann man kalt scheinen
im Glück und unberührt bei Verlusten, die Züge des Gesichts
können sich verstellen, aber der Mann, das Innere, die Falten
25 des Herzens werden deshalb nicht weniger angegriffen." Und
hoffnungsvoll schließt er: „Alles, was ich von mir wünsche,
ist doch nur, daß die Erfolge nicht meine menschlichen Empfindungen und Tugenden verderben, zu denen ich mich immer
bekannt habe. Möchten meine Freunde mich so finden, wie
30 ich immer gewesen bin." Und am Ende des Krieges schreibt
er: „Sieh, dein Freund ist zum zweitenmal Sieger. Wer

hätte vor einigen Jahren gesagt, daß dein Schüler in der
Philosophie eine militärische Rolle in der Welt spielen werde?
daß die Vorsehung einen Dichter ausersehen würde, das
politische System Europa's umzustürzen?" — So frisch und
jung empfand Friedrich, als er aus dem ersten Kriege im 5
Triumphzuge nach Berlin zurückkehrte.

Zum zweitenmal zieht er aus, Schlesien zu behaupten.
Wieder ist er Sieger, schon hat er das ruhige Selbstgefühl
eines erprobten Feldherrn, lebhaft ist seine Freude über die
Güte seiner Truppen.   „Alles, was mir bei diesem Siege 10
schmeichelt," schreibt er an Frau von Camas, „ist, daß ich
durch den schnellen Entschluß und ein kühnes Manoeuvre zur
Erhaltung so vieler braven Leute beitragen konnte. Ich
wollte nicht den geringsten meiner Soldaten um eitlen Ruhm,
der mich nicht mehr täuscht, verwunden lassen." Aber mitten 15
in den Kampf fiel der Tod von zwei seiner liebsten Freunde,
Jordan und Kayserlingk. Rührend ist seine Klage. „In
weniger als drei Monaten habe ich meine beiden treuesten
Freunde verloren, Leute, mit denen ich täglich gelebt habe,
anmuthige Gesellschafter, ehrenwerthe Männer und wahre 20
Freunde. Es ist schwer für ein Herz, das so empfindsam
geschaffen wurde wie das meine, den tiefen Schmerz zurückzu-
drängen. Kehre ich nach Berlin zurück, ich werde fast fremd
in meinem eigenen Vaterlande, isolirt in meinem Hause sein.
Auch Sie haben das Schicksal gehabt, auf einmal viele Per- 25
sonen zu verlieren, die Ihnen lieb waren; ich bewundere
Ihren Muth, aber nachahmen kann ich ihn nicht. Meine
einzige Hoffnung ist die Zeit, die mit Allem zu Ende kommt,
was es in der Natur giebt. Sie fängt an die Eindrücke in
unserm Gehirn zu schwächen, und hört damit auf uns selbst 30
zu vernichten. Ich fürchte mich jetzt vor allen den Orten,

welche mir die traurige Erinnerung an Freunde, die ich für
immer verloren habe, zurückrufen." — Und noch vier Wochen
nach dem Tode schreibt er derselben Freundin, die ihn zu
trösten versuchte: „Glauben Sie nicht, daß der Drang der
5 Geschäfte und Gefahren in der Traurigkeit zerstreut, ich weiß
aus Erfahrung, das ist ein schlechtes Mittel. Leider sind
erst vier Wochen vergangen, seit meine Thränen und mein
Schmerz begann, aber nach den heftigen Anfällen der ersten
Tage fühle ich mich jetzt ebenso traurig, ebenso wenig ge-
10 tröstet, als im Anfang." Und als ihm sein würdiger Erzieher
Duhan aus der Hinterlassenschaft Jordan's einige französische
Bücher schickt, die der König begehrt hatte, schrieb der Fürst
noch im Spätherbst desselben Jahres: „Mir kamen die
Thränen in die Augen, als ich die Bücher meines armen
15 geschiedenen Jordan öffnete; ich habe ihn so sehr geliebt und
es wird mir sehr schwer zu denken, daß er nicht mehr ist."—
Nicht lange und der König verlor auch den Vertrauten, an
den dieser Brief gerichtet ist.

Der Verlust der Jugendfreunde im Jahre 1745 bildet
20 einen wichtigen Abschnitt im innern Leben des Königs. Mit
den uneigennützigen ehrlichen Männern starb ihm fast Alles,
was ihn im Verkehr mit Andern glücklich gemacht hatte. Die
Verbindungen, in welche er jetzt als Mann trat, waren
sämmtlich von anderer Art. Auch die besten der neuen
25 Bekannten wurden vielleicht Vertraute einzelner Stunden,
nicht die Freunde seines Herzens. Das Bedürfniß nach
anregendem geistigen Verkehr blieb, ja es wurde stärker und
anspruchsvoller. Denn er ist auch darin eine einzige Erscheinung, er konnte heitere und vertrauensvolle Verhältnisse
30 niemals entbehren, nicht das leichte, fast rückhaltlose Geplauder, welches durch alle Schattirungen menschlicher Stim-

mung, tiefsinnig oder frivol, von den größten Fragen des
Menschengeschlechts bis zu den kleinsten Tagesereignissen
herabflatterte. Gleich nach seiner Thronbesteigung hatte er an
Voltaire geschrieben und ihn zu sich eingeladen; er war mit
dem Franzosen zuerst 1740 auf einer Reise bei Wesel zusam=   5
mengetroffen, kurz darauf war Voltaire auf wenige Tage für
schweres Geld nach Berlin gekommen, er hatte schon damals
dem König den Eindruck eines Narren gemacht, aber Friedrich
fühlte doch eine unendliche Verehrung vor dem Talent des
Mannes; Voltaire war ihm der größte Dichter aller Zeiten,   10
Hofmarschall des Parnasses, auf dem der König selbst so
gern eine Rolle spielen wollte. Immer stärker wurde Fried=
rich's Wunsch, den Mann zu besitzen. Er betrachtete sich
als seinen Schüler, er wünschte jeden seiner Verse durch den
Meister gebilligt, er lechzte unter seinen märkischen Officieren   15
nach dem Witz und Geist der eleganten Franzosen; endlich
war auch die Eitelkeit eines Souveräns dabei, er wollte ein
Fürst der schönen Geister und Philosophen werden, wie er
ein ruhmgekrönter Heerführer geworden war. Seit dem
zweiten schlesischen Kriege wurden zumeist die Fremden seine   20
Vertrauten; seit 1750 ward ihm die Freude, auch den großen
Voltaire als Mitglied seines Hofhaltes bei sich zu sehen. Es
war kein Unglück, daß der schlechte Mann nur wenige Jahre
unter den Barbaren aushielt.

Diese zehn Jahre von 1746 bis 1756 sind es, in denen   25
Friedrich als Schriftsteller Selbstgefühl und eine Bedeutung
gewann, welche noch heut in Deutschland nicht nach Gebühr
gewürdigt wird. Ueber seine französischen Verse vermag der
Deutsche nur unvollständig zu urtheilen. Er war ein behen=
der Dichter, dem sich mühelos jede Stimmung in Reim und   30
Vers fügte. Er hat aber in seiner Lyrik die Schwierigkeiten

der fremden Sprache vor den Augen eines Franzosen niemals
vollständig überwunden, wie fleißig auch seine Vertrauten
durchsahen; ja es fehlte ihm, wie uns scheint, immer an der
gleichmäßigen rhetorischen Stimmung, jenem Stil, der in der
5 Zeit Voltaire's das erste Kennzeichen eines berufenen Dichters
war; denn neben schönen und erhabenen Sätzen in prächti-
ger Phrase störten triviale Gedanken und banaler Ausdruck.
Auch seine Geschmacksbildung war nicht sicher und selbständig
genug; er war in seinem ästhetischen Urtheil schnell bewun-
10 dernd, kurz absprechend, aber in der Stille weit abhängiger von
der Meinung seiner französischen Bekannten, als sein Stolz
eingeräumt hätte. Das Beste, was in der französischen Poesie
damals erblühte, die Rückkehr zur Natur und der Kampf
schöner Wahrheit gegen die Fesseln der alten Convenienz, blieb
15 dem König unverständlich; Rousseau war ihm lange Zeit ein
excentrischer armer Teufel, und der gewissenhafte und lautere
Geist Diderot's galt ihm gar für seicht. Und dennoch scheint
uns, daß in seinen Gedichten und grade in den leichten Improvisationen, die er seinen Freunden gönnt, nicht selten ein
20 Reichthum an poetischem Detail und ein herzgewinnender
Ton wahren Gefühls durchbricht, um den ihn wenigstens
sein Vorbild Voltaire beneiden könnte.

Wie die Commentare Cäsar's ist Friedrich's Geschichte
seiner Zeit eines der bedeutendsten Denkmale der historischen
25 Literatur. Es ist wahr, er schrieb gleich dem römischen Feldherrn, gleich jedem handelnden Staatsmann die Thatsachen so,
wie sie in der Seele eines Betheiligten reflectiren, nicht Alles
ist von ihm gleichmäßig gewürdigt, und nicht jeder Partei
gönnt er ihr bestes Recht; aber er weiß unendlich Vieles, was
30 jedem Fernstehenden verborgen bleibt, und führt nicht un-
parteiisch, aber auch gegen seine Gegner hochgesinnt in einige

innerste Motive der großen Ereignisse ein. Er schrieb zuweilen ohne den großen Apparat, den ein Historiker von Fach um sich sammeln muß, es begegnete ihm daher, daß Erinnerung und Urtheil, so zuverlässig beide sind, ihn an einzelnen Stellen im Stich ließen; endlich schrieb er eine Apologie seines Hauses, 5 seiner Politik, seiner Feldzüge, und wie Cäsar, verschweigt er einigemal und legt die Thatsachen so zurecht, wie er sie auf die Folgezeit gebracht wünscht. Aber die Wahrheitsliebe und Offenherzigkeit, mit der er sein Haus und sein eignes Thun behandelt, ist dennoch nicht weniger bewundernswerth, als die 10 souveräne Ruhe und Freiheit, in der er über den Begebenheiten schwebt, trotz der kleinen rhetorischen Schnörkel, welche im Geschmack der Zeit lagen.

Erstaunlich wie seine Fruchtbarkeit ist seine Vielseitigkeit. Einer der größten Militärschriftsteller, ein bedeutender Ge- 15 schichtschreiber, behender Dichter, und daneben populärer Philosoph, praktischer Staatsmann, ja sogar anonymer, sehr ausgelassener Pamphletschreiber und einigemal Journalist, ist er stets bereit, für Alles, was ihn erfüllt, erwärmt, begeistert, mit der Feder in's Feld zu ziehen, und Jeden anzugreifen in 20 Versen und Prosa, der ihn reizt oder ärgert, nicht nur Papst und Kaiserin, Jesuiten und holländische Zeitungsschreiber, auch alte Freunde, wenn sie ihm lau erscheinen, was er nicht leiden kann, oder wenn sie gar von ihm abzufallen drohen. Alles was ihm lieb ist, feiert er durch Gedichte oder Lobreden: 25 die erhabenen Lehren seiner Philosophie, seine Freunde, sein Heer, Freiheit des Glaubens, selbstständige Forschung, Toleranz und Bildung des Volkes.

Erobernd hatte der Geist Friedrich's sich nach allen Richtungen ausgebreitet. Es gab, so schien es, kein Hinderniß, 30 das ihn aufhielt, wo der Ehrgeiz antrieb, zu siegen. Da kamen

die Jahre der Prüfung, sieben Jahre furchtbarer, herzquälender
Sorgen.   Die große Periode, wo dem reichen hochfliegenden
Geiste die schwersten Aufgaben, die je ein Mensch bestanden,
auferlegt wurden, wo ihm fast Alles unterging, was er für sich
5 selbst an Freude und Glück, an Hoffnungen und egoistischem
Behagen besaß, wo auch Holdes und Anmuthiges in dem
Menschen sterben sollte, damit er der entsagende Fürst seines
Volkes, der große Beamte des Staates, der Held einer Nation
wurde.   Nicht eroberungslustig zog er diesmal in den Kampf;
10 daß er um sein und seines Staates Leben zu kämpfen hatte,
war ihm lange vorher deutlich geworden.   Aber um so höher
wuchs ihm der Entschluß.   Wie der Sturmwind wollte er in
die Wolken brechen, die sich von allen Seiten um sein Haupt
zusammenzogen.   Durch die Energie eines unwiderstehlichen
15 Angriffs gedachte er die Wetter zu zertheilen, bevor sie sich
entluden.   Er war bis dahin nie besiegt worden, seine Feinde
waren geschlagen, so oft er, sein furchtbares Werkzeug, das
Heer, in der Hand, auf sie gestoßen war.   Das war eine
Hoffnung, die einzige.   Wenn ihm auch diesmal erprobte
20 Gewalt nicht versagte, so mochte er seinen Staat retten.
   Aber gleich bei dem ersten Zusammentreffen mit den
Oesterreichern, den alten Feinden, sah er, daß auch sie von ihm
gelernt hatten und Andere geworden waren.   Bis zum
Aeußersten spannte er seine Kraft, und bei Collin versagte sie
25 ihm.   Der 18. Juni 1757 ist der verhängnißvollste Tag in
Friedrich's Leben.   Dort begegnete, was ihm noch zweimal in
diesem Kriege den Sieg entriß: der Feldherr hatte seine
Feinde zu gering geachtet, er hatte seinem eigenen tapfern
Heere das Uebermenschliche zugemuthet.   Nach einer kurzen
30 Betäubung hob sich Friedrich in neuer Kraft.   Aus dem
Angriffskriege war er auf eine verzweifelte Defensive ange-

wiesen, von allen Seiten brachen die Gegner gegen sein
kleines Land, mit jeder großen Macht des Festlandes trat er
in tödtlichen Kampf, er, der Herr über nur vier Millionen
Menschen und über ein geschlagenes Heer. Jetzt bewährte
er sein Feldherrntalent, wie er sich nach Verlusten den Fein- 5
den entzog und sie wieder packte und schlug, wo man ihn am
wenigsten erwartete, wie er sich bald dem einen, bald dem
andern Heere entgegenwarf, unübertroffen in seinen Dispositionen, unerschöpflich in seinen Hilfsmitteln, unerreicht als
Führer und Schlachtenherr seiner Truppen. So stand er, 10
einer gegen fünf, gegen Oesterreicher, Russen, Franzosen, von
denen jeder einzelne der Stärkere war, zu gleicher Zeit noch
gegen Schweden und die Reichstruppen. Fünf Jahre lang
kämpfte er so gegen eine ungeheure Uebermacht, jedes Frühjahr
in Gefahr, allein durch die Massen erdrückt zu werden, jeden 15
Herbst wieder befreit. Ein lauter Ruf der Bewunderung
und des Mitgefühls ging durch Europa. Und unter den
ersten widerwilligen Lobrednern waren seine heftigsten Feinde.
Grade jetzt, in diesen Jahren des wechselnden Geschickes, wo
der König selbst so bittre Zufälle des Schlachtenglücks erlebte, 20
wurde seine Kriegführung das Staunen aller Heere Europas.
Wie er seine Linien gegen den Feind zu stellen wußte, immer
als der Schnellere und Gewandtere, wie er so oft in schräger
Stellung den schwächsten Flügel des Feindes überflügelte,
zurückdrängte und zusammenwarf, wie seine Reiterei, die neu 25
geschaffen zu der ersten der Welt geworden war, in Furie über
den Feind stürzte, seine Reihen zerriß, seine Haufen zer-
sprengte, das wurde überall als neuer Fortschritt der Kriegs-
kunst, als die Erfindung des größten Genies gepriesen.
Taktik und Strategie des preußischen Heeres wurde für alle 30
Armeen Europa's fast ein halbes Jahrhundert Vorbild und

Muster. Einstimmig wurde das Urtheil, daß Friedrich der
größte Feldherr seiner Zeit sei, daß es vor ihm, so lange es
eine Geschichte giebt, wenig Heerführer gegeben, die mit ihm
zu vergleichen wären. Daß die kleinere Zahl so häufig gegen
5 die Mehrzahl siegte, daß sie auch geschlagen nicht zerschmolz,
sondern, wenn kaum der Feind seine Wunden geheilt, so dro-
hend und gerüstet wie früher ihm gegenübertrat, das schien
unglaublich. Wir aber rühmen nicht die Kriegführung des
Königs allein, auch die kluge Bescheidenheit, mit welcher er
10 seine Lineartaktik handhabte. Er wußte sehr gut, wie sehr
ihn die Rücksicht auf Magazine und Verpflegung beengte und
die Tausende von Karren, auf denen er Proviant und die
Tagesbedürfnisse des Soldaten mit sich führen mußte. Aber
er wußte auch, daß diese Methode für ihn die einzige Rettung
15 war. Einmal, als er nach der Schlacht bei Roßbach den
bewundernswerthen Marsch nach Schlesien machte, 41 Meilen
in fünfzehn Tagen, da in der höchsten Gefahr verließ er seine
alte Methode, er zog durch die Länder, wie jetzt andere Armeen, er ließ die Leute von den Wirthen verpflegen. Aber
20 sogleich kehrte er wieder weise zu dem alten Brauch zurück.
Denn sobald seine Feinde ihm diese freie Bewegung nach-
machen lernten, war er sicher verloren. Wenn die alte
Landesmiliz in seinen alten Provinzen wieder aufstand, die
Schweden verjagen half und Colberg und Berlin tapfer
25 vertheidigte, so ließ er sich das zwar gerne gefallen, aber er
hütete sich sehr, den Volkskrieg zu ermuntern, und als sein
ostfriesisches Landvolk sich selbstkräftig gegen die Franzosen
erhob und von diesen dafür hart heimgesucht wurde, ließ er
ihm rauh sagen, es sei selbst Schuld daran; denn der Krieg
30 sollte für die Soldaten sein, für den Bauer und Bürger die
ungestörte Arbeit, die Steuern, die Aushebung. Er wußte

wohl, daß er verloren war, wenn ein Volkskrieg in Sachsen
und Böhmen gegen ihn aufgeregt wurde. Grade diese Be-
schränkung des umsichtigen Feldherrn auf die militärischen
Formen, welche ihm allein den Kampf möglich machten, mag
zu seinen größten Eigenschaften gerechnet werden. 5

Immer lauter wurde der Schrei der Trauer und Bewunderung, mit welcher Deutsche und Fremde diesem Todeskampfe
des umstellten Löwen zusahen. Schon im Jahre 1740 war
der junge König von den Protestanten als Parteigänger für
Gewissensfreiheit und Aufklärung gegen Intoleranz und 10
Jesuiten gefeiert worden. Seit er wenige Monate nach der
Schlacht bei Collin die Franzosen bei Roßbach so gründlich
geschlagen hatte, wurde er der Held Deutschlands, ein Ju-
belruf der Freude brach überall aus. Durch zweihundert
Jahre hatten die Franzosen dem vielgetheilten Land große 15
Unbill zugefügt, grade jetzt begann das deutsche Wesen sich
gegen den Einfluß französischer Bildung zu setzen, und jetzt
hatte der König, der selbst die pariser Verse so sehr bewun-
derte, die pariser Generäle so unübertrefflich mit deutschen
Kugeln weggescheucht. Es war ein so glänzender Sieg, eine 20
so schmachvolle Niederlage der alten Feinde, es war eine
Herzensfreude überall im Reich; auch wo die Soldaten der
Landesherren gegen König Friedrich im Felde lagen, jubelten
daheim Bürger und Bauern über seine deutschen Hiebe. Und
je länger der Krieg dauerte, je lebhafter der Glaube an die 25
Unüberwindlichkeit des Königs wurde, desto mehr erhob sich
das Selbstgefühl der Deutschen. Seit langen, langen Jahren
fanden sie jetzt einen Held, auf dessen Kriegsruhm sie stolz
sein durften, einen Mann, der mehr als Menschliches leistete.
Unzählige Anekdoten liefen von ihm durch das Land, jeder 30
kleine Zug von seiner Ruhe, guten Laune, Freundlichkeit

gegen einzelne Soldaten, von der Treue seines Heeres flog
Hunderte von Meilen; wie er in Todesnoth die Flöte im
Zelte blies, wie seine wunden Soldaten nach der Schlacht
Choral sangen, wie er den Hut vor einem Regiment ab-
5 nahm — es ist ihm seitdem öfter nachgemacht worden — das
wurde am Neckar und Rhein herumgetragen, gedruckt, mit
frohem Lachen und mit Thränen der Rührung gehört. Es
war natürlich, daß die Dichter sein Lob sangen, waren doch
drei von ihnen im preußischen Heere gewesen, Gleim und
10 Lessing als Secretäre commandirender Generäle, und Ewald
von Kleist, ein Liebling der jungen literarischen Kreise, als
Officier, bis ihn die Kugel bei Kunnersdorf traf. Aber noch
rührender für uns ist die treue Hingebung des preußischen
Volkes. Die alten Provinzen, Preußen, Pommern, die
15 Marken, Westphalen litten unsäglich durch den Krieg, aber
die stolze Freude, Antheil an dem Helden Europa's zu haben,
hob auch den kleinen Mann oft über das eigene Leiden heraus.
Der bewaffnete Bürger und Bauer zog jahrelang immer
wieder als Landmiliz in's Feld. Als eine Anzahl Rekruten
20 aus dem Cleve'schen und der Grafschaft Ravensperg nach
verlorenem Treffen fahnenflüchtig wurde und in die Heimat
zurückkehrte, da wurden die Ausreißer von ihren eigenen
Landsleuten und Verwandten für eidbrüchig erklärt, verbannt
und aus den Dörfern zum Heere zurückgejagt.

25   Nicht anders war das Urtheil im Ausland. In den protestantischen Cantonen der Schweiz nahm man so warmen
Theil an dem Geschick des Königs, als wären die Enkel der
Rütlimänner nie vom deutschen Reich abgelöst worden.
Ebenso stand es in England. Jeder Sieg des Königs erregte
30 in London laute Freude, die Häuser wurden erleuchtet, Bild-
nisse und Lobgedichte feilgeboten, im Parlament verkündete

Pitt bewundernd jede neue That des großen Alliirten. Selbst zu Paris war man im Theater, in den Gesellschaften mehr preußisch als französisch gesinnt. Die Franzosen spotteten über ihre eigenen Generäle und die Clique der Pompadour; wer dort für die französischen Waffen war, so berichtet Duclos, durfte kaum damit laut werden. In Petersburg war Großfürst Peter und sein Anhang so gut preußisch, daß dort bei jedem Nachtheil, den Friedrich erhalten, in der Stille getrauert wurde. Ja bis in die Türkei und zum Khan der Tartaren reichte der Enthusiasmus. Und diese Pietät eines ganzen Welttheils überdauerte den Krieg. Dem Maler Hackert wurde mitten in Sicilien bei der Durchreise durch eine kleine Stadt von dem Magistrat ein Ehrengeschenk von Wein und Früchten überreicht, weil sie gehört hatten, daß er ein Preuße sei, ein Unterthan des großen Königs, dem sie dadurch ihre Ehrfurcht erweisen wollten. Und Muley Ismael, Kaiser von Marokko, ließ die Schiffsmannschaft eines Bürgers von Emden, den die Barbaresken nach Megador geschleppt, ohne Lösung frei, schickte die Mannschaft neugekleidet nach Lissabon und gab ihnen die Versicherung: ihr König sei der größte Mann der Welt, kein Preuße solle in seinen Ländern Gefangener sein, seine Kreuzer würden nie die preußische Flagge angreifen.

Arme gedrückte Seele des deutschen Volkes, wie lange war es doch her, seit die Männer zwischen Rhein und Oder nicht die Freude gefühlt hatten, unter den Nationen der Erde vor andern geachtet zu sein! Jetzt war durch den Zauber einer Manneskraft Alles wie umgewandelt. Wie aus bangem Traum erwacht sah der Landsmann auf die Welt und in sein eigenes Herz. Lange hatten die Menschen still vor sich hin gelebt, ohne Vergangenheit, deren sie sich freuten, ohne eine

große Zukunft, auf die sie hofften. Jetzt empfanden sie auf
einmal, daß auch sie Theil hatten an der Ehre und Größe in
der Welt, daß ein König und sein Volk, alle von ihrem Blute,
dem deutschen Wesen eine goldne Fassung gegeben hatten,
5 der Geschichte der civilisirten Menschheit einen neuen Inhalt.
Jetzt durchlebten sie Alle selbst, wie ein großer Mensch kämpfte,
wagte und siegte.

Aber während die junge Kraft des Volkes in begeisterter
Wärme die Flügel regte, wie empfand unterdeß der große
10 Fürst, der ohne Ende gegen die Feinde rang? Als ein
schwacher Ton klang der begeisternde Ruf des Volkes an sein
Ohr, fast gleichgiltig vernahm ihn der König. In ihm
wurde es stiller und kälter. Zwar immer wieder kamen leidenschaftliche Stunden des Schmerzes und herzzerreißender Sorge.
15 Er verschloß sie vor seinem Heere in sich, das ruhige Antlitz
wurde härter, tiefer die Furchen, gespannter der Blick. Gegen
wenige Vertraute öffnete er in einzelnen Stunden das Innere, dann bricht auf einige Augenblicke der Schmerz eines
Mannes hervor, der an den Grenzen des Menschlichen ange-
20 kommen ist.

Zehn Tage nach der Schlacht bei Collin starb seine
Mutter; wenige Wochen darauf scheuchte er im Zorn seinen
Bruder August Wilhelm vom Heere, das dieser zu führen nicht
kräftig genug gewesen war; das Jahr darauf starb auch
25 dieser, wie der meldende Officier dem König verkündete, durch
Gram getödtet. Kurz darauf erhielt er die Nachricht vom
Tode seiner Schwester von Baireuth. Einer nach dem
andern von seinen Generälen sank an seiner Seite oder verlor
des Königs Vertrauen, weil er den übermenschlichen Aufgaben
30 dieses Krieges nicht gewachsen war. Seine alten Soldaten,
sein Stolz, eherne Krieger in drei harten Kriegen erprobt, sie,

die sterbend noch die Hand nach ihm ausstreckten und seinen
Namen riefen, wurden in Haufen um ihn zerschmettert, und
was in die weiten Gassen eintrat, die der Tod unaufhörlich
in sein Heer riß, das waren junge Leute, manche gute Kraft,
viel schlechtes Volk.   Der König gebrauchte sie, wie die an- 5
dern auch, strenger, härter.   Auch der schlechteren Masse gab
sein Blick und Wort Bravour und Hingebung, aber er wußte
doch, wie dies Alles nicht retten würde; kurz und schneidend
wurde sein Tadel, sparsam sein Lob.   So lebte er fort, fünf
Sommer und Winter kamen und gingen, riesig war die 10
Arbeit, unermüdlich sein Denken und Combiniren, das Fernste
und Kleinste übersah prüfend sein Adlerauge, und doch keine
Aenderung, und doch nirgend eine Hoffnung.   Der König
las und schrieb in den Stunden der Ruhe, grade wie früher,
er machte seine Verse und unterhielt die Correspondenz mit 15
Voltaire und Algarotti, aber er war gefaßt, Alles das werde
nächstens für ihn ein Ende haben, ein kurzes, schnelles; er
trug Tag und Nacht bei sich, was ihn von Daun und
Laudon frei machte.   Der ganze Handel wurde ihm zuweilen
verächtlich.   20

Diese Stimmungen des Mannes, von welchem das geistige
Leben Deutschlands seine neue Zeit datirt, verdienen wohl,
daß der Deutsche sie mit Ehrfurcht beachte.   Es ist hier nur
möglich Einzelnes herauszuheben, wie es vorzugsweise in den
Briefen Friedrich's an den Marquis d'Argens und Frau von 25
Camas hervorbricht.   So spricht der große König von seinem
Leben:

(1757. Juni.)   Das Mittel gegen meinen Schmerz liegt
in der täglichen Arbeit, die ich zu thun verpflichtet bin, und in
den fortgesetzten Zerstreuungen, die mir die Zahl meiner Feinde 30
gewährt.   Wenn ich bei Collin getödtet wäre, ich würde jetzt

in einem Hafen sein, wo ich keinen Sturm mehr zu fürchten
hätte. Jetzt muß ich noch über das stürmische Meer schiffen,
bis ein kleiner Winkel Erde mir das Gut gewährt, das ich
auf dieser Welt nicht habe finden können. — Seit zwei
5 Jahren stehe ich wie eine Mauer, in die das Unglück Bresche
geschossen hat. Aber denken Sie nicht, daß ich weich werde.
Man muß sich schützen in diesen unseligen Zeiten durch
Eingeweide von Eisen und ein Herz von Erz, um alles Gefühl zu verlieren. Der nächste Monat wird entscheiden für
10 mein armes Land. Meine Rechnung ist: ich werde es retten,
oder mit ihm untergehen. Sie können sich keinen Begriff
machen von der Gefahr, in der wir sind, und von den
Schrecken, die uns umgeben. —

(1758. Dec.) Ich bin dies Leben sehr müde. Ich habe
15 Alles verloren, was ich auf dieser Welt geliebt und geehrt
habe, ich sehe mich umgeben von Unglücklichen, deren Leiden
ich nicht abhelfen kann. Meine Seele ist noch gefüllt mit den
Eindrücken der Ruinen aus meinen besten Provinzen und der
Schrecken, welchen eine Horde mehr von unvernünftigen
20 Thieren als von Menschen dort verübt hat. Auf meine alten
Tage bin ich fast bis zu einem Theaterkönig herabgekommen;
Sie werden mir zugeben, daß eine solche Lage nicht so reizvoll
ist, um die Seele eines Philosophen an das Leben zu fesseln.

(1759. März.) Ich weiß nicht, was mein Schicksal sein
25 wird. Ich werde Alles thun, was von mir abhängen wird,
um mich zu retten, und wenn ich unterliege, der Feind soll es
theuer bezahlen. Ich habe mein Winterquartier als Klausner
überstanden, ich speise allein, bringe mein Leben mit Lesen
und Schreiben hin, und soupire nicht. Wenn man traurig
30 ist, so kostet es auf die Länge zu viel, unaufhörlich seinen Ver-
druß zu verbergen, und es ist besser, sich allein zu betrüben,

als seine Verstimmung in die Gesellschaft zu bringen. Nichts
tröstet mich als die starke Anspannung, welche die Arbeit
fordert; so lange sie dauert, verscheucht sie die traurigen
Ideen.

Aber ach, wenn die Arbeit geendet ist, dann werden die 5
Grabesgedanken wieder so lebendig, wie vorher. Maupertuis
hat Recht, die Summe der Uebel ist größer als die des Guten.
Aber mir ist es gleich, ich habe fast Nichts mehr zu verlieren,
und die wenigen Tage, die mir bleiben, beunruhigen mich
nicht so sehr, daß ich mich lebhaft dafür interessiren sollte. — 10
    (1759. 16. Aug.) Ich will mich auf ihren Weg stellen
und mir den Hals abschneiden lassen, oder die Hauptstadt
retten. Ich denke, das ist Ausdauer genug. Für den Erfolg
will ich nicht stehen. Hätte ich mehr als ein Leben, ich wollte
es für mein Vaterland hingeben. Wenn mir aber dieser 15
Streich fehlschlägt, so halte ich mich für quitt gegen mein
Land, und es wird mir erlaubt sein, für mich selbst zu sorgen.
Es giebt Grenzen für Alles. Ich ertrage mein Unglück, ohne
daß es mir den Muth nimmt. Aber ich bin sehr entschlossen,
wenn dies Unternehmen fehlschlägt, mir einen Ausweg zu 20
machen, um nicht der Spielball von jeder Sorte von Zufall
zu sein. — Glauben Sie mir, man braucht noch mehr als
Festigkeit und Ausdauer, um sich in meiner Lage zu erhalten.
Aber ich sage Ihnen frei heraus, wenn mir ein Unglück begeg-
net, so rechnen Sie nicht darauf, daß ich Ruin und Untergang 25
meines Vaterlandes überlebe. Ich habe meine eigne Art zu
denken. Ich will weder Sertorius noch Cato nachahmen, ich
denke gar nicht an meinen Ruhm, sondern an den Staat. —
    (1760. Oft.) Der Tod ist süß im Vergleich mit solchem
Leben. Haben Sie Mitgefühl mit meiner Lage, glauben 30
Sie mir, daß ich noch vieles Traurige verberge, womit ich

Andere nicht betrüben und beunruhigen will. — Ich betrachte
als Stoiker den Tod. Niemals werde ich den Moment
erleben, der mich verpflichten wird, einen nachtheiligen Frieden
zu schließen. Keine Ueberredung, keine Beredtsamkeit werden
5 mich bestimmen können, meine Schmach zu unterzeichnen.
Entweder lasse ich mich unter den Trümmern meines Vaterlandes begraben, oder wenn dieser Trost bei dem Geschick,
welches mich verfolgt, noch zu süß erscheint, so werde ich
meinen Leiden ein Ende machen, sobald es nicht mehr mög-
10 lich wird sie zu ertragen. Ich habe gehandelt und ich fahre
fort zu handeln nach diesem innerlichen Ehrgefühl. Meine
Jugend habe ich meinem Vater geopfert, mein Mannesalter
meinem Vaterlande, ich glaube dadurch das Recht erlangt zu
haben, über meine alten Jahre zu verfügen. Ich sage es und
15 ich wiederhole es: nie wird meine Hand einen demüthigenden
Frieden unterzeichnen. Ich habe einige Bemerkungen über
die militärischen Talente Karl's XII. gemacht, aber ich habe
nicht darüber nachgedacht, ob er sich hätte tödten sollen oder
nicht. Ich denke, daß er nach der Einnahme von Stralsund
20 weiser gethan hätte sich zu expediren; aber was er auch gethan
oder gelassen hat, sein Beispiel ist keine Regel für mich. Es
giebt Leute, welche sich vom Glück belehren lassen; ich gehöre
nicht zu der Art. Ich habe für Andere gelebt, ich will für
mich sterben. Ich bin sehr gleichgiltig über das, was man
25 darüber sagen wird, und versichere Ihnen, ich werde es
niemals hören. Heinrich IV. war ein jüngerer Sohn aus
gutem Hause, der sein Glück machte, ihm kam es nicht darauf
an; wozu hätte er sich im Unglück hängen sollen? Ludwig
XIV. war ein großer König und hatte große Hilfsmittel, er
30 zog sich wohl oder übel aus der Affaire. Was mich betrifft,
ich habe nicht die Hilfsquellen dieses Mannes, aber die Ehre

ist mir mehr werth als ihm, und wie ich Ihnen gesagt habe,
ich richte mich nach Niemand. Wir zählen, wenn mir recht ist,
fünftausend Jahre seit Schöpfung der Welt, ich glaube, daß
diese Rechnung viel zu niedrig für das Alter des Universums
ist. Das Land Brandenburg hat gestanden diese ganze Zeit, 5
bevor ich war, und wird fortbestehen nach meinem Tode. Die
Staaten werden erhalten durch die Fortpflanzung der Racen,
und so lange man daran arbeiten wird das Leben zu verviel=
fältigen, wird auch der Haufen durch Minister oder Souveräne
regiert werden. Das bleibt sich fast gleich, ein wenig ein= 10
fältiger, ein wenig klüger, die Unterschiede sind so gering,
daß die Masse des Volkes kaum etwas davon wahrnimmt.
Wiederholen Sie mir also nicht die alten Einwendungen
der Hofleute; Eigenliebe und Eitelkeit vermögen durchaus nicht
meine Empfindung zu ändern. Es ist kein Akt der Schwäche, 15
so unglückliche Tage zu enden, es ist eine vorsichtige
Politik. — Ich habe alle meine Freunde verloren, meine lieb=
sten Verwandten, ich bin unglücklich nach allen Möglichkeiten,
ich habe Nichts zu hoffen, meine Feinde behandeln mich mit
Verachtung, mit Hohnlachen, und ihr Stolz rüstet sich mich 20
unter ihre Füße zu treten.

(1760. Nov.) Meine Arbeit ist schrecklich, der Krieg hat
fünf Feldzüge gedauert. Wir vernachlässigen Nichts, was
uns Mittel des Widerstandes geben kann, und ich spanne den
Bogen mit meiner ganzen Kraft; aber eine Armee ist zusam= 25
mengesetzt aus Armen und Köpfen. Arme fehlen uns nicht,
aber die Köpfe sind bei uns nicht mehr vorhanden, wenn Sie
sich nicht etwa die Mühe geben wollen, mir einige beim Bild=
hauer Adam zu bestellen, und die würden grade so viel nützen,
als was ich habe. Meine Pflicht und Ehre halten mich fest. 30
Aber trotz Stoicismus und Ausdauer giebt es Augenblicke, wo

4—2

man einige Luſt verſpürt, ſich dem Teufel zu ergeben. Adieu,
mein lieber Marquis, laſſen Sie ſich's gut gehen und machen
Sie Ihre Gelübde für einen armen Teufel, der ſich von hin-
nen begeben wird, um nach jener Wieſe, die mit Aſphodelos
5 bepflanzt iſt, zu reiſen, wenn der Frieden nicht zu Stande
kommt.

(1761. Juni.) Zählen Sie dies Jahr nicht auf den
Frieden. Wenn das Glück mich nicht verläßt, ſo werde ich
mich aus dem Handel ziehen, ſo gut ich kann. Aber ich
10 werde im nächſten Jahr noch auf dem Seil tanzen und
gefährliche Sprünge machen müſſen, wenn es Ihren ſehr
apoſtoliſchen, ſehr chriſtlichen und ſehr moskowitiſchen Ma-
jeſtäten gefällt zu rufen: „Springe, Marquis!" — Ach, wie
ſind die Menſchen doch hartherzig! Man ſagt mir, du haſt
15 Freunde. Ja ſchöne Freunde, die mit gekreuzten Armen
einem ſagen: „Wirklich, ich wünſche dir alles Glück!" —
„Aber ich ertrinke, reicht mir einen Strick!" — Nein, du
wirſt nicht ertrinken. — „Doch, ich muß im nächſten Augenblick untergehn." — O, wir hoffen das Gegentheil. Aber
20 wenn dir das begegnete, ſo ſei überzeugt, wir werden dir eine
ſchöne Grabſchrift machen. — So iſt die Welt, das ſind die
ſchönen Complimente, womit man mich von allen Seiten
bewillkommt.

(1762. Jan.) Ich bin ſo unglücklich in dieſem ganzen
25 Kriege geweſen mit der Feder und mit dem Degen, daß ich ein
großes Mißtrauen gegen alle glücklichen Ereigniſſe erhalten
habe. Ja, die Erfahrung iſt eine ſchöne Sache; in meiner
Jugend war ich ausgelaſſen wie ein Füllen, das ohne Zaum
auf einer Wieſe umherſpringt, jetzt bin ich vorſichtig geworden
30 wie der alte Neſtor. Aber ich bin auch grau, runzelig aus
Kummer, durch Körperleiden niedergedrückt und, mit einem

Worte, nur noch gut vor die Hunde geworfen zu werden. Sie haben mich immer ermahnt, mich wohl zu befinden, geben Sie mir das Mittel, mein Lieber, wenn man gezaust wird, wie ich. Die Vögel, welche man dem Muthwillen der Kinder überläßt, die Kreisel, welche durch Meerkatzen herum gepeitscht werden, sind nicht mehr umhergetrieben und gemißhandelt, als ich bis jetzt durch drei wüthende Feinde war.

(1762. Mai.) Ich gehe durch eine Schule der Geduld, sie ist hart, langwierig, grausam, ja barbarisch. Ich rette mich daraus, indem ich das Universum im Ganzen ansehe, wie von einem fremden Planeten. Da erscheinen mir alle Gegenstände unendlich klein, und ich bemitleide meine Feinde, daß sie sich so viel Mühe um so Geringes geben. Ist es das Alter, ist es das Nachdenken, ist es die Vernunft? ich betrachte alle Ereignisse des Lebens mit viel mehr Gleichgiltigkeit als sonst. Giebt es etwas für das Wohl des Staats zu thun, so setze ich noch einige Kraft daran, aber unter uns gesagt, es ist nicht mehr das feurige Stürmen meiner Jugend, nicht der Enthusiasmus, der mich sonst beseelte. Es ist Zeit, daß der Krieg zu Ende geht, denn meine Predigten werden langweilig, und bald werden meine Zuhörer sich über mich beklagen.

Und an Frau von Camas schreibt er: „Sie sprechen von dem Tod der armen F... Ach, liebe Mama, seit sechs Jahren beklage ich nicht mehr die Todten, sondern die Lebenden." —

So schrieb und trauerte der König, aber er hielt aus. Und wer durch die finstere Energie seines Entschlusses erschüttert wird, der möge sich vor der Meinung hüten, daß in ihr die Kraft dieses wunderbaren Geistes ihren höchsten Ausdruck finde. Es ist wahr, der König hatte einige Augenblicke der Betäubung, wo er die Kugel des Feindes für sich

forderte, um nicht selbst den Tod in der Kapsel suchen zu
müssen, welche er in den Kleidern trug; es ist wahr, er war
fest entschlossen, den Staat nicht dadurch zu verderben, daß er
als Gefangener Oesterreichs lebe; in so fern hat, was er
5 schreibt, eine furchtbare Wahrheit. Aber er war auch von
poetischer Anlage, war ein Kind aus dem Jahrhundert,
welches sich so sehr nach großen Thaten sehnte und in dem
Aussprechen erhabener Stimmungen so hohe Befriedigung
fand; er war im Grund seines Herzens ein Deutscher mit
10 denselben Herzensbedürfnissen, wie etwa der unendlich
schwächere Klopstock und dessen Verehrer. Das Reflectiren
und entschlossene Aussprechen seines letzten Plans machte ihn
innerlich freier und heiterer. Auch seiner Schwester von
Baireuth schrieb er darüber in dem unheimlichen zweiten
15 Jahre des Krieges, und dieser Brief ist besonders charak-
teristisch. Denn auch die Schwester ist entschlossen, ihn und
den Fall ihres Hauses nicht zu überleben, und er billigt
diesen Entschluß, dem er übrigens in seinem düstern Behagen
über die eigenen Betrachtungen wenig Beachtung gönnt.
20 Einst hatten die beiden Königskinder im strengen Vaterhause
heimlich die Rollen französischer Trauerspiele mit einander
recitirt, jetzt schlugen ihre Herzen wieder in dem einmüthigen
Gedanken, sich durch einen antiken Tod aus dem Leben voll
Täuschung, Verirrung und Leiden zu befreien. Aber als
25 die aufgeregte und nervöse Schwester gefährlich erkrankte, da
vergaß Friedrich alle seine Philosophie aus der Schule der
Stoa, und in leidenschaftlicher Zärtlichkeit, die noch fest am
Leben hing, sorgte und grämte er sich um die, welche ihm die
liebste seiner Familie war. Und als sie starb, da wurde ein
30 lauter Kummer vielleicht noch durch die Empfindung geschärft,
daß er zu tragisch in das zarte Leben der Frau gegriffen hatte.

So mischt sich auch bei dem größten von allen Deutschen, welche aus der ersten Hälfte des achtzehnten Jahrhunderts heraufkamen, poetische Empfindung und der Wunsch, schön und groß zu erscheinen, seltsam in das ernsthafte Leben der Wirklichkeit. Der König aber war größer als seine Philo-sophie. In der That verlor er gar nicht seinen Muth, die zähe, trotzige Kraft des Germanen, und nicht die stille Hoff-nung, welche der Mensch bei jeder starken Arbeit bedarf.

Und er hielt aus. Die Kraft seiner Feinde wurde ge-ringer, auch ihre Feldherren nutzten sich ab, auch ihre Heere wurden zerschmettert, endlich trat Rußland von der Coalition zurück. Dies und die letzten Siege des Königs gaben den Ausschlag. Er hatte überwunden, er hatte das eroberte Schle-sien für Preußen gerettet, sein Volk frohlockte, die treuen Bürger seiner Hauptstadt bereiteten ihm den festlichsten Em-pfang, er aber mied die Freude der Menschen und kehrte allein und still nach Sanssouci zurück. Er wollte den Rest seiner Tage, wie er sagte, im Frieden für sein Volk leben.

Die ersten dreiundzwanzig Jahre seiner Regierung hatte er gerungen und gekriegt, seine Kraft gegen die Welt durch-zusetzen, noch dreiundzwanzig Jahre sollte er friedlich über sein Volk herrschen als ein weiser und strenger Hausvater. Die Ideen, nach denen er den Staat leitete, mit größter Selbstver-leugnung, aber selbstwillig, das Größte erstrebend und auch das Kleinste beherrschend, sind zum Theil durch höhere Bil-dungen der Gegenwart überwunden worden; sie entsprachen der Einsicht, welche seine Jugend und die Erfahrungen des ersten Mannesalters ihm gegeben hatten. Frei sollte der Geist sein, Jeder denken, was er wollte, aber thun, was seine Bürgerpflicht war. Wie er selbst sein Behagen und seine Ausgaben dem Wohl des Staates unterordnete, mit etwa

200,000 Thalern den ganzen königlichen Haushalt bestritt, zuerst an den Vortheil des Volkes, und zuletzt an sich dachte, so sollten alle seine Unterthanen bereitwillig das tragen, was er ihnen an Pflicht und Last auflegte. Jeder sollte in dem 5 Kreise bleiben, in den ihn Geburt und Erziehung gesetzt, der Edelmann sollte Gutsherr und Officier sein, dem Bürger gehörte die Stadt, Handel, Industrie, Lehre und Erfindung, dem Bauer der Acker und die Dienste. Aber in seinem Stande sollte Jeder gedeihen und sich wohl fühlen. Gleiches, 10 strenges, schnelles Recht für Jeden, keine Begünstigung des Vornehmen und Reichen, in zweifelhaftem Falle lieber des kleinen Mannes. Die Zahl der thätigen Menschen vermehren, jede Thätigkeit so lohnend als möglich machen und so hoch als möglich steigern, so wenig als möglich vom Ausland 15 kaufen, Alles selbst produciren, den Ueberschuß über die Grenzen fahren, das war der Hauptgrundsatz seiner Staatswirthschaft. Unablässig war er bemüht, die Morgenzahl des Ackerbodens zu vergrößern, neue Stellen für Ansiedler zu schaffen. Sümpfe wurden ausgetrocknet, Seen abgezapft, Deiche aufge-20 worfen. Kanäle wurden gegraben, Vorschüsse bei Anlagen neuer Fabriken gemacht, Städte und Dörfer auf Antrieb und mit Geldmitteln der Regierung massiver und gesünder wieder aufgebaut; das landschaftliche Creditsystem, die Feuersocietät, die königliche Bank wurden gegründet, überall wur-25 den Volksschulen gestiftet, unterrichtete Leute angezogen, überall Bildung und Ordnung des regierenden Beamtenstandes durch Prüfungen und strenge Controlle gefördert. Es ist Sache des Geschichtsschreibers das aufzuzählen und zu rühmen, auch einzelne verfehlte Versuche des Königs hervorzuheben, die bei 30 dem Bestreben, Alles selbst zu leiten, nicht ausbleiben konnten.

Für alle seine Länder sorgte der König, nicht zuletzt für

sein Schmerzenskind, das neuerworbene Schlesien. Als der
König die große Landschaft eroberte, hatte sie wenig mehr als
eine Million Einwohner. Lebhaft wurde dort der Gegensatz
empfunden, der zwischen der bequemen österreichischen Wirth=
schaft und dem knappen, rastlosen, Alles aufregenden Regiment 5
der Preußen war. In Wien war der Katalog verbotener
Bücher größer gewesen, als zu Rom, jetzt kamen unaufhörlich
die Bücherballen aus Deutschland in die Provinz gewandert,
das Lesen und Kaufen war zum Verwundern frei, sogar die
gedruckten Angriffe auf den eigenen Landesherrn. In Oester= 10
reich war es Privilegium der Vornehmen, ausländisches Tuch
zu tragen; als in Preußen der Vater Friedrichs des Großen
die Einfuhr von fremdem Tuch verboten hatte, kleidete er
zuerst sich und seine Prinzen in Landtuch. In Wien hatte
kein Amt für vornehm gegolten, wenn dazu noch etwas An= 15
deres als Repräsentation erfordert wurde, alle Arbeit war
Sache der Subalternen, der Kammerherr galt mehr als der
verdiente General und Minister; in Preußen war auch der
Vornehmste gering geachtet, wenn er dem Staat nichts nützte,
und der König selbst war der allergenaueste Beamte, der über 20
jedes Tausend Thaler, das erspart oder verausgabt wurde,
sorgte und schalt. Wer in Oesterreich vom katholischen Glau=
ben abfiel, wurde mit Confiscation und Verweisung bestraft,
bei den Preußen konnte zu jedem Glauben ab= und zufallen,
wer da wollte, das war seine Sache. Bei den Kaiserlichen 25
war der Regierung im Ganzen lästig gewesen, wenn sie sich
um etwas hatte bekümmern müssen, die preußischen Beamten
hatten ihre Nase und ihre Hände überall. Trotz der drei
schlesischen Kriege wurde die Provinz weit blühender, als zur
Kaiserzeit. Einst hatten hundert Jahre nicht ausgereicht, die 30
handgreiflichen Spuren des dreißigjährigen Krieges zu ver=

wischen, die Leute erinnerten sich wohl, wie überall in den
Städten die Schutthaufen aus der Schwedenzeit gelegen
hatten, überall neben den gebauten Häusern die wüsten
Brandstellen.   Viele kleine Städte hatten noch Blockhäuser
5 nach alter slavischer Art mit Stroh= und Schindeldach, seit
lange dürftig ausgeflickt.   Durch die Preußen waren die
Spuren nicht nur alter Verwüstung, auch der neuen des
siebenjährigen Krieges nach wenigen Jahrzehnten getilgt.
Friedrich hatte einige hundert neue Dörfer angelegt, hatte
10 fünfzehn ansehnliche Städte zum großen Theil auf königliche
Kosten wieder in regelmäßigen Straßen aufmauern lassen, er
hatte den Gutsherrn den harten Zwang aufgelegt, einige
tausend eingezogene Bauerhöfe wieder aufzubauen und mit
erblichen Eigenthümern zu besetzen.   Zur Kaiserzeit waren
15 die Abgaben weit geringer gewesen, aber sie waren ungleich
vertheilt und lasteten zumeist auf dem Armen, der Abel war
vom größten Theil derselben befreit, die Erhebung war unge=
schickt, viel wurde veruntreut und schlecht verwendet, es floß
verhältnißmäßig wenig in die kaiserlichen Kassen.   Die
20 Preußen dagegen hatten das Land in kleine Kreise getheilt,
den Werth des gesammten Bodens abgeschätzt, in wenig
Jahren fast alle Steuerbefreiung aufgehoben, das flache Land
zahlte jetzt seine Grundsteuer, die Städte ihre Accise.   So
trug die Provinz die doppelten Lasten mit größerer Leichtig=
25 keit, nur die Privilegirten murrten; und dabei konnte sie
noch 40,000 Soldaten unterhalten, während sonst etwa 2000
im Lande gewesen waren.   Vor 1740 hatten die Edelleute
die großen Herren gespielt, wer katholisch und reich war, lebte
in Wien, wer sonst das Geld aufbringen konnte, zog sich nach
30 Breslau; jetzt saß die Mehrzahl der Gutsherren auf ihren
Gütern, der Abel wußte, daß es ihm beim König für eine

Ehre galt, wenn er für die Cultur des Bodens sorgte, und daß
der neue Herr solchen kalte Verachtung zeigte, die nicht Land-
wirthe, Beamte oder Officiere waren. Früher waren die
Processe unabsehbar und kostspielig gewesen, ohne Bestechung
und Geldopfer kaum durchzusetzen, jetzt fiel auf, daß die Zahl 5
der Advokaten geringer wurde, die Urtheile so schnell kamen.
Unter den Oesterreichern freilich war der Karavanen-Handel
mit dem Osten Europa's größer gewesen, die Bukowiner und
Ungarn, auch die Polen entfremdeten sich und sahen bereits
nach Triest, aber dafür erhoben sich neue Industrien: Wolle 10
und Tuch, und in den Gebirgsthälern ein großartiger Lein-
wandhandel. Viele fanden die neue Zeit unbequem, Man-
cher wurde in der That durch ihre Härte gedrückt, Wenige
wagten zu leugnen, daß es im Ganzen weit besser geworden
war. 15

Aber noch etwas Anderes fiel dem Schlesier an dem
preußischen Wesen auf, und bald gewann dies Auffallende
eine stille Herrschaft über seine eigene Seele. Das war ein
hingebender spartanischer Geist der Diener des Königs, der
bis in die niedern Aemter so häufig zu Tage kam. Da waren 20
die Acciseeinnehmer, schon vor Einführung des französischen Systems wenig beliebt, invalide Unterofficiere, alte
Soldaten des Königs, die seine Schlachten gewonnen hatten,
im Pulverdampfe ergraut waren. Sie saßen jetzt an den
Thoren und rauchten aus ihrer Holzpfeife, sie erhielten sehr 25
geringen Gehalt, konnten sich gar Nichts zu gute thun, aber sie
waren vom frühen Morgen bis späten Abend zur Stelle,
thaten ihre Pflichten gewandt, kurz, pünktlich, wie alte Soldaten pflegen. Sie dachten immer an ihren Dienst, er war
ihre Ehre, ihr Stolz. Und noch lange erzählten alte Schle- 30
sier aus der Zeit des großen Königs ihren Enkeln, wie ihnen

auch an andern preußischen Beamten die Pünktlichkeit,
Strenge und Ehrlichkeit aufgefallen war.   Da war in jeder
Kreisstadt ein Einnehmer der Steuern, er hauste in seiner
kleinen Dienststube, die vielleicht zu gleicher Zeit sein Schlaf=
5 zimmer war, und sammelte in einer großen hölzernen Schüssel
die Grundsteuer, welche die Schulzen allmonatlich am be=
stimmten Tage in seine Stube trugen.   Viele tausend Thaler
wurden auf langer Liste verzeichnet und bis auf den letzten
Pfennig in die großen Hauptkassen abgeliefert.   Gering war
10 die Besoldung auch eines solchen Mannes; er saß, nahm ein
und packte in Beutel, bis sein Haar weiß wurde, und die
zitternde Hand nicht mehr die Zweigroschenstücke zu werfen
vermochte.   Mit Achtung und einer gewissen Scheu sah das
Volk auch auf diese untergeordneten Diener eines neuen
15 Princips.   Und nicht die Schlesier allein.   Es war damit
überhaupt etwas Neues in die Welt gekommen.   Nicht aus
Laune nannte Friedrich II. sich den ersten Diener seines
Staates.   Wie er auf den Schlachtfeldern seinen wilden
Adel gelehrt hatte, daß es höchste Ehre sei für das Vaterland
20 zu sterben, so drückte sein unermüdliches pflichtgetreues Sor=
gen auch dem kleinsten seiner Diener in entlegenem Grenzort
die große Idee in die Seele, daß er zuerst zum Besten seines
Königs und des Landes zu leben und zu arbeiten habe.
        Als die Provinz Preußen im siebenjährigen Kriege ge=
25 zwungen wurde der Kaiserin Elisabeth zu huldigen, und
mehrere Jahre dem russischen Reich einverleibt blieb, da wagten
die Beamten der Landschaft dennoch unter der fremden Armee
und Regierung insgeheim für ihren König Geld und Getreide
zu erheben, große Kunst wurde angewendet die Transporte
30 durchzubringen.   Viele waren im Geheimniß, nicht ein Ver=
räther darunter, verkleidet stahlen sie sich mit Lebensgefahr

durch die russischen Heere. Und sie merkten, daß sie geringen Dank ernten würden, denn der König mochte seine Ostpreußen überhaupt nicht leiden, er sprach geringschätzig von ihnen, gönnte ihnen ungern die Gnaden, die er andern Provinzen erwies, sein Antlitz wurde zu Stein, wenn er erfuhr, daß einer 5 seiner jungen Officiere zwischen Weichsel und Memel geboren sei, und nie betrat er seit dem Kriege ostpreußisches Gebiet. Die Ostpreußen aber ließen sich dadurch in ihrer Verehrung gar nicht stören, sie hingen mit treuer Liebe an dem ungnädigen Herrn, und sein bester und begeisterter Lobredner war Im= 10 manuel Kant.

Wohl war es ein ernstes, oft rauhes Leben in des Königs Dienst, unaufhörlich das Schaffen und Entbehren; auch dem Besten war es schwer, dem strengen Herrn genug zu thun, auch der größten Hingebung wurde ein kurzer Dank; war 15 eine Kraft abgenutzt, wurde sie vielleicht kalt bei Seite ge= worfen; ohne Ende war die Arbeit, überall Neues, Ange= fangenes, Gerüste an unfertigem Baue. Wer in das Land kam, dem erschien das Leben gar nicht anmuthig; es war so herb, einförmig, rauh, wenig Schönheit und sorglose Heiter= 20 keit zu finden. Und wie der frauenlose Haushalt des Königs, die schweigsamen Diener, die unterwürfigen Vertrauten unter den Bäumen eines stillen Gartens dem fremden Gast den Eindruck eines Klosters machten, so fand er in dem ganzen preußischen Wesen etwas von der Entsagung und dem Ge= 25 horsam einer großen emsigen Ordensbrüderschaft.

Denn auch auf das Volk selbst war etwas von diesem Geiste übergegangen. Wir aber verehren darin ein unsterb= liches Verdienst Friedrich's II., noch jetzt ist dieser Geist der Selbstverleugnung das Geheimniß der Größe des preußischen 30 Staats, die letzte und beste Bürgschaft für seine Dauer. Die

kunstvolle Maschine, welche der große König mit so viel Geist
und Thatkraft eingerichtet hatte, sollte nicht ewig bestehen;
schon zwanzig Jahre nach seinem Tode zerbrach sie, aber daß
der Staat nicht zugleich mit ihr unterging, daß Intelligenz
5 und Patriotismus der Bürger selbst im Stande waren, unter
seinen Nachfolgern auf neuen Grundlagen ein neues Leben
zu schaffen, das ist das Geheimniß von Friedrich's Größe.

Neun Jahre nach dem Schluß des letzten Krieges, der
um die Behauptung Schlesiens geführt wurde, vergrößerte
10 Friedrich seinen Staat durch einen neuen Erwerb, an Meilen-
zahl nicht viel geringer, leer an Menschen, durch die polnischen
Landestheile, welche seitdem unter dem Namen Westpreußen
deutsches Land geworden sind.

Waren schon die Ansprüche des Königs auf Schlesien
15 zweifelhaft gewesen, so bedurfte es jetzt des ganzen Scharfsinns
seiner Beamten, einige unsichere Rechte auf Theile des neuen
Erwerbs auszuschmücken. Der König selbst frug wenig
darnach. Er hatte mit fast übermenschlichem Heldenmuth die
Besetzung Schlesiens vor der Welt vertheidigt, durch Ströme
20 von Blut war die Provinz an Preußen gekittet. Hier that
die Klugheit des Politikers fast allein das Werk. Und lange
fehlte in der Meinung der Menschen dem Eroberer die
Berechtigung, welche, wie es scheint, die Greuel des Krieges
und das zufällige Glück des Schlachtfeldes verleihen. Aber
25 dieser letzte Landgewinn des Königs, dem Kanonendonner und
Siegesfanfare so sehr fehlten, war doch von allen großen
Geschenken, welche das deutsche Volk Friedrich II. verdankt, das
größte und segensreichste. Mehrere hundert Jahre hindurch
waren die vielgetheilten Deutschen durch eroberungslustige
30 Nachbarn eingeengt und geschädigt worden; der große König
war der erste Eroberer, welcher wieder die deutschen Grenzen

weiter nach Osten hinausschob. Hundert Jahre nachdem
sein großer Ahnherr die Rheinfestungen gegen Ludwig XIV.
vergebens vertheidigt hatte, gab er den Deutschen wieder die
nachdrückliche Mahnung, daß sie die Aufgabe haben, Gesetz,
Bildung, Freiheit, Cultur und Industrie in den Osten 5
Europa's hineinzutragen. Sein ganzes Land, einige altsäch=
sische Territorien ausgenommen, war den Slaven durch
Gewalt und Colonisation abgerungen, niemals seit der Völker=
wanderung des Mittelalters hatte der Kampf um die weiten
Ebenen im Osten der Oder aufgehört, nie hatte sein Haus 10
vergessen, daß es Verwalter der deutschen Grenze war. So
oft die Waffen ruhten, stritten die Politiker. Kurfürst Fried=
rich Wilhelm hatte das Ordensland Preußen von der pol=
nischen Lehnshoheit befreit, Friedrich I. hatte auf diese isolirte
Colonie entschlossen die Königskrone gesetzt. Aber der Besitz 15
Ostpreußens war unsicher; nicht die verfaulte Republik Polen
drohte Gefahr, wohl aber die aufsteigende Größe Rußlands.
Friedrich hatte die Russen als Feinde achten gelernt, er kannte
die hochfliegenden Plane der Kaiserin Katharina. Da griff
der kluge Fürst im rechten Augenblick zu. Das neue Gebiet: 20
Pommerellen, die Woiwodschaft Kulm und Marienburg, das
Bisthum Ermeland, die Stadt Elbing, ein Theil von Kuja=
vien, ein Theil von Posen, verband Ostpreußen mit Pom=
mern und der Mark. Es war von je ein Grenzland gewesen,
seit der Urzeit hatten sich Völker von verschiedenem Stamm 25
an den Küsten der Ostsee gedrängt: Deutsche, Slaven,
Lithauer, Finnen. Seit dem dreizehnten Jahrhundert waren
die Deutschen als Städtegründer und Ackerbauer in dies
Weichselland gedrungen: Ordensritter, Kaufleute, fromme
Mönche, deutsche Edelleute und Bauern. Zu beiden Seiten 30
des Weichselstroms erhoben sich Thürme und Grenzsteine der

deutschen Colonien. Vor allen ragte das prächtige Danzig, das Venedig der Ostsee, der große Seemarkt der Slavenländer, mit seiner reichen Marienkirche und den Palästen seiner Kaufherren, dahinter am andern Arm der Weichsel sein
5 bescheidener Rival Elbing, weiter aufwärts die stattlichen Thürme und weiten Laubengänge Marienburgs, dabei das große Fürstenschloß der deutschen Ritter, das schönste Bauwerk im deutschen Norden, und in dem Weichselthal auf üppigem Niederungsboden die alten blühenden Colonistengüter, eine
10 der gesegneten Landschaften der Welt, durch mächtige Dämme aus der Ordenszeit gegen die Verwüstungen des Slavenstromes geschützt. Noch weiter aufwärts Marienwerder, Graudenz, Kulm, und an den Niederungen der Netze Bromberg, Mittelpunkt des Grenzstriches unter polnischem Volk.
15 Kleinere deutsche Städte und Dorfgemeinden waren durch das ganze Territorium zerstreut, eifrig hatten auch die reichen Cistercienserklöster Oliva und Pelplin colonisirt. Aber die tyrannische Härte des deutschen Ordens trieb die deutschen Städte und Grundherren Westpreußens im fünfzehnten Jahr-
20 hundert zum Anschluß an Polen.

Die Reformation des sechzehnten Jahrhunderts unterwarf sich nicht nur die Seelen der deutschen Colonisten, auch in der großen Republik Polen waren drei Viertheile des Adels protestantisch, in der slavischen Landschaft Pommerellen um 1590
25 von hundert Kirchspielen etwa siebenzig. Und es schien eine kurze Zeit, als sollte sich in dem slavischen Osten eine neue Volkskraft und neue Cultur entwickeln, ein großer polnischer Staat mit deutscher Städtekraft. Aber die Einführung der Jesuiten brachte eine unheilvolle Umwandlung. Der pol-
30 nische Adel fiel zur katholischen Kirche zurück, in den Jesuitenschulen wurden seine Söhne zu bekehrungslustigen Fanatikern

gezogen, von da an verfiel der polnische Staat, immer trost=
loser wurden die Zustände.

Nicht gleich war die Haltung der Deutschen in West=
preußen, gegenüber bekehrenden Jesuiten und slavischer
Tyrannei. Der eingewanderte deutsche Adel wurde katholisch 5
und polnisch, die Bürger und Bauern blieben hartnäckig
Protestanten. Zu dem Gegensatz der Sprache kam jetzt auch
der Gegensatz der Confessionen, zu dem Stammhaß die Glau=
benswuth. Grade in dem Jahrhundert der Aufklärung
wurde in diesen Landschaften die Verfolgung der Deutschen 10
fanatisch, eine protestantische Kirche nach der andern wurde
eingezogen, niedergerissen, die hölzernen angezündet; war eine
Kirche verbrannt, so hatten die Dörfer das Glockenrecht ver=
loren, deutsche Prediger und Schullehrer wurden verjagt und
schändlich mißhandelt. "Vexa Lutheranum, dabit tha= 15
lerum" wurde das gewöhnliche Sprüchwort der Polen gegen
die Deutschen. Einer der größten Grundherren des Landes,
ein Unruh aus dem Hause Birnbaum, Starost von Gnesen,
wurde zum Tode mit Zungenausreißen und Handabhauen
verurtheilt, weil er aus deutschen Büchern beißende Bemer= 20
kungen gegen die Jesuiten in ein Notizbuch geschrieben hatte.
Es gab kein Recht, es gab keinen Schutz mehr. Die nationale
Partei des polnischen Adels verfolgte im Bunde mit fana=
tischen Pfaffen am leidenschaftlichsten die, welche sie als
Deutsche und Protestanten haßte. Zu den Patrioten oder 25
Conföderirten lief alles raublustige Gesindel; sie warben
Haufen, zogen plündernd im Lande umher, überfielen kleinere
Städte und deutsche Dörfer. Immer ärger ward dieses
Wüthen gegen die Deutschen, nicht nur aus Glaubenseifer,
noch mehr aus Habsucht. Der polnische Edelmann Ros= 30
kowski zog einen rothen und einen schwarzen Stiefel an, der

eine sollte Feuer, der andere Tod bedeuten; so ritt er brand-
schatzend von einem Ort zum andern, ließ endlich in Jastrow
dem evangelischen Prediger Willich Hände, Füße und zuletzt
den Kopf abhauen und die Glieder in einen Morast werfen.
5 Das geschah 1768.

So sah es in dem Lande kurz vor der preußischen Be-
setzung aus. Es waren Zustände, wie sie jetzt etwa noch in
Bosnien möglich, in dem elendesten Winkel des christlichen
Europa's unerhört wären.

10 Zwar Danzig, den Polen unentbehrlich, erhielt sich durch
diese Jahrzehnte der Auflösung in vornehmer Abgeschlossen-
heit, es blieb ein Freistaat unter slavischem Schutz, lange dem
großen König ärgerlich und wenig geneigt. Aber dem Land
und den meisten deutschen Städten war die energische Hilfe
15 des Königs Rettung vom Untergange. Die preußischen
Beamten, welche in das Land geschickt wurden, waren erstaunt
über die Trostlosigkeit der unerhörten Verhältnisse, welche
wenige Tagereisen von ihrer Hauptstadt bestanden. Nur
einige größere Städte, in denen das deutsche Leben durch feste
20 Mauern und den alten Marktverkehr unterhalten wurde, und
geschützte Landstriche, welche ausschließlich von Deutschen be-
wohnt wurden, wie die Niederung bei Danzig, die Dörfer .
unter der milden Herrschaft der Cistercienser von Oliva und
die wohlhabenden deutschen Ortschaften des katholischen Erm-
25 lands, lebten in erträglichen Zuständen. Andere Städte
lagen in Trümmern, wie die meisten Höfe des Flachlandes.
Bromberg, die deutsche Colonistenstadt, fanden die Preußen
in Schutt und Ruinen; es ist noch heute nicht möglich,
genau zu ermitteln, wie die Stadt in diesen Zustand ge-
30 kommen ist, ja die Schicksale, welche der ganze Netzedistrikt
in den letzten neun Jahren vor der preußischen Besitznahme

erduldet hat, sind völlig unbekannt, kein Geschichtschreiber, keine Urkunde, keine Aufzeichnung giebt Bericht über die Zerstörung und das Gemetzel, welches dort verwüstet haben muß. Offenbar haben die polnischen Factionen sich unter einander geschlagen, Mißernten und Seuchen mögen das Uebrige gethan haben. Kulm hatte aus alter Zeit seine wohlgefügten Mauern und die stattlichen Kirchen erhalten, aber in den Straßen ragten die Hälse der Hauskeller über das morsche Holz und die Ziegelbrocken der zerfallenen Gebäude hervor, ganze Straßen bestanden nur aus solchen Kellerräumen, in denen elende Bewohner hausten. Von den vierzig Häusern des großen Marktplatzes hatten achtundzwanzig keine Thüren, keine Dächer, keine Fenster und keine Eigenthümer. In ähnlicher Verfassung waren andere Städte.

Auch die Mehrzahl des Landvolks lebte in Zuständen, welche den Beamten des Königs jämmerlich schienen, zumal an der Grenze Pommerns, wo die wendischen Kassuben saßen. Wer dort einem Dorf nahte, der sah graue Hütten und zerrissene Strohdächer auf kahler Fläche, ohne einen Baum, ohne einen Garten — nur die Sauerkirschbäume waren altheimisch. Die Häuser waren aus hölzernen Sprossen gebaut, mit Lehm ausgeklebt; durch die Hausthür trat man in die Stube mit großem Herd ohne Schornstein; Stubenöfen waren unbekannt, selten wurde ein Licht angezündet, nur der Kienspahn erhellte das Dunkel der langen Winterabende; das Hauptstück des elenden Hausraths war das Crucifir, darunter der Napf mit Weihwasser. Das schmutzige und wüste Volk lebte von Brei aus Roggenmehl, oft nur von Kräutern, die sie als Kohl zur Suppe kochten, von Heringen und Branntwein, dem Frauen wie Männer unterlagen. Brod wurde nur von den Reichsten gebacken. Viele hatten

in ihrem Leben nie einen solchen Leckerbissen gegessen, in
wenig Dörfern stand ein Backofen. Hielten die Leute ja
einmal Bienenstöcke, so verkauften sie den Honig an die
Städter, außerdem geschnitzte Löffel und gestohlne Rinde,
5 dafür erstanden sie auf den Jahrmärkten den groben blauen
Tuchrock, die schwarze Pelzmütze und das hellrothe Kopftuch
für ihre Frauen. Nicht häufig war ein Webestuhl, das
Spinnrad kannte man gar nicht. Die Preußen hörten dort
kein Volkslied, keinen Tanz, keine Musik, Freuden, denen auch
10 der elendeste Pole nicht entsagt; stumm und schwerfällig
trank das Volk den schlechten Branntwein, prügelte sich und
taumelte in die Winkel. Auch der Bauernadel unterschied
sich kaum von den Bauern, er führte seinen Hakenpflug selbst
und klapperte in Holzpantoffeln auf dem ungedielten Fußbo=
15 den seiner Hütte. Schwer wurde es auch dem Preußenkönig,
diesem Volke zu nützen. Nur die Kartoffeln verbreiteten sich
schnell, aber noch lange wurden die befohlenen Obstpflan=
zungen von dem Volke zerstört, und alle anderen Kulturver=
suche fanden Widerstand.

20 Ebenso dürftig und verfallen waren die Grenzstriche mit
polnischer Bevölkerung, aber der polnische Bauer bewahrte in
seiner Armseligkeit und Unordnung wenigstens die größere
Regsamkeit seines Stammes. Selbst auf den Gütern der
größern Edelleute, der Starosten und der Krone waren alle
25 Wirthschaftsgebäude verfallen und unbrauchbar. Wer einen
Brief befördern wollte, mußte einen besondern Boten schicken,
denn es gab keine Post im Lande; freilich fühlte man in den
Dörfern auch nicht das Bedürfniß darnach, denn ein großer
Theil der Edelleute konnte so wenig lesen und schreiben wie
30 die Bauern. Wer erkrankte, fand keine Hilfe als die Ge=
heimmittel einer alten Dorffrau, denn es gab im ganzen

Lande keine Apotheken. Wer einen Rock bedurfte, that wohl, selbst die Nadel in die Hand zu nehmen, denn auf viele Meilen weit war kein Schneider zu finden, wenn er nicht abenteuernd durch das Land zog. Wer ein Haus bauen wollte, der mochte zusehen, wo er von Weiten her Handwerker 5 gewann. Noch lebte das Landvolk in ohnmächtigem Kampf mit den Heerden der Wölfe; wenig Dörfer, welchen nicht in jedem Winter Menschen und Thiere decimirt wurden. Bra= chen die Pocken aus, kam eine ansteckende Krankheit in's Land, dann sahen die Leute die weiße Gestalt der Pest durch 10 die Luft fliegen und sich auf ihren Hütten niederlassen; sie wußten, was solche Erscheinung bedeutete, es war Verödung ihrer Hütten, Untergang ganzer Gemeinden; in dumpfer Ergebenheit erwarteten sie dies Geschick. — Es gab kaum eine Rechtspflege im Lande, nur die größeren Städte bewahrten 15 unkräftige Gerichte; der Edelmann, der Starost verfügten mit schrankenloser Willkür ihre Strafen, sie schlugen und warfen in scheußlichen Kerker nicht nur den Bauer, auch den Bürger der Landstädte, der unter ihnen saß oder in ihre Hände fiel. In den Händeln, die sie unter einander hatten, 20 kämpften sie durch Bestechung bei den wenigen Gerichtshöfen, die über sie urtheilen durften; in den letzten Jahren hatte auch das fast aufgehört, sie suchten ihre Rache auf eigne Faust durch Ueberfall und blutige Hiebe.

Es war in der That ein verlassenes Land, ohne Zucht, 25 ohne Gesetz, ohne Herrn; es war eine Einöde, auf 600 Quadratmeilen wohnten 500,000 Menschen, nicht 850 auf der Meile. Und wie eine herrenlose Prairie behandelte auch der Preußenkönig seinen Erwerb, fast nach Belieben setzte er sich die Grenzsteine und rückte sie wieder einige Meilen 30 hinaus. Bis zur Gegenwart erhielt sich in Ermland, der

Landschaft um Heilberg und Braunsberg mit zwölf Städten und hundert Dörfern, die Erinnerung, daß zwei preußische Tamboure mit zwölf Mann das ganze Ermland durch vier Trommelschlägel erobert hatten. Und darauf begann der
5 König in seiner großartigen Weise die Kultur des Landes; grade die verrotteten Zustände waren ihm reizvoll, und „West= preußen" wurde, wie bis dahin Schlesien, fortan sein Lieb= lingskind, das er mit unendlicher Sorge, wie eine treue Mut= ter, wusch und bürstete, neu kleidete, zu Schule und Ordnung
10 zwang und immer im Auge behielt. Noch dauerte der diplo= matische Streit um den Erwerb, da warf er schon eine Schaar seiner besten Beamten in die Wildniß, wieder wurden die Landschaften in kleine Kreise getheilt, die gesammte Boden= fläche in kürzester Zeit abgeschätzt und gleichmäßig besteuert,
15 jeder Kreis mit einem Landrath, einem Gericht, mit Post und Sanitätspolizei versehen. Neue Kirchengemeinden wurden wie durch einen Zauber in's Leben gerufen, eine Compagnie von 187 Schullehrern wurde in das Land geführt — der würdige Semler hatte einen Theil derselben ausgesucht und
20 eingeübt, — Haufen von deutschen Handwerkern wurden ge= worben, vom Maschinenbauer bis zum Ziegelstreicher hinab. Ueberall begann ein Graben, Hämmern, Bauen, die Städte wurden neu mit Menschen besetzt, Straße auf Straße erhob sich aus den Trümmerhaufen, die Starosteien wurden in
25 Krongüter verwandelt, neue Colonistendörfer ausgesteckt, neue Ackerkulturen befohlen. Im ersten Jahre nach der Besitznahme wurde der große Kanal gegraben, welcher in einem Lauf von drei Meilen die Weichsel durch die Netze mit der Oder und Elbe verbindet, ein Jahr, nachdem der König den Befehl ertheilt,
30 sah er selbst beladene Oderkähne von hundertundzwanzig Fuß Länge nach dem Osten zur Weichsel einfahren. Durch die

neue Wasseradern wurden weite Strecken Land entsumpft,
sofort durch deutsche Colonisten besetzt. Unablässig trieb der
König, er lobte und schalt; wie groß der Eifer seiner Beam=
ten war, sie vermochten selten ihm genug zu thun. Dadurch
geschah es, daß in wenig Jahrzehnten das wilde slavische 5
Unkraut, welches dort auch über deutschen Ackerfurchen aufge=
schossen war, gebändigt wurde, daß auch die polnischen Land=
striche sich an die Ordnung des neuen Lebens gewöhnten, und
daß Westpreußen in den Kriegen seit 1806 sich fast ebenso
preußisch bewährte, als die alten Provinzen. 10

Während der greise König sorgte und schuf, zog ein Jahr
nach dem andern über sein sinnendes Haupt; stiller ward es
um ihn, leerer und einsamer, kleiner der Kreis von Menschen,
denen er sich öffnete. Die Flöte hatte er bei Seite gelegt,
auch die neue französische Literatur erschien ihm schaal und 15
langweilig, zuweilen war ihm, als ob ein neues Leben unter
ihm in Deutschland ergrüne, es blieb ihm fremd. Uner=
müdlich arbeitete er an seinem Heer, an dem Wohlstand
seines Volkes, immer weniger galten ihm seine Werkzeuge,
immer höher und leidenschaftlicher wurde das Gefühl für die 20
große Pflicht seiner Krone.

Aber wie man sein siebenjähriges Ringen im Kriege
übermenschlich nennen darf, so war auch jetzt in seiner Arbeit
etwas Ungeheures, was den Zeitgenossen zuweilen überirdisch
und zuweilen unmenschlich erschien. Es war groß, aber es 25
war auch furchtbar, daß ihm das Gedeihen des Ganzen in
jedem Augenblick das Höchste war und das Behagen des
Einzelnen so gar nichts. Wenn er den Obersten, dessen
Regiment bei der Revue einen ärgerlichen Fehler gemacht
hatte, vor der Front mit herbem Scheltwort aus dem Dienst 30
jagte; wenn er in dem Sumpfland der Netze mehr die Stiche

der zehntausend Spaten zählte, als die Beschwerden der Ar-
beiter, welche am Sumpffieber in den Lazarethen lagen, die er
ihnen errichtet; wenn er ruhelos mit seinem Fordern auch der
schnellsten That voraneilte, so verband sich mit der tiefen
5 Ehrfurcht und Hingebung in seinem Volke auch eine Scheu
wie vor einem, dem nicht irdisches Leben die Glieder bewegt.
Als das Schicksal des Staates erschien er den Preußen, un-
berechenbar, unerbittlich, allwissend, das Größte wie das
Kleine übersehend. Und wenn sie einander erzählten, daß er
10 auch die Natur hatte bezwingen wollen, und daß seine
Orangenbäume doch in den letzten Frösten des Frühlings
erfroren waren, dann freuten sie sich in der Stille, daß es
für ihren König doch eine Schranke gab, aber noch mehr,
daß er sich mit so guter Laune darein gefunden und vor
15 den kalten Tagen des Mai den Hut abgenommen hatte

Mit rührendem Antheil sammelte das Volk jede Lebens-
äußerung des Königs, in welcher eine menschliche Empfindung, die sein Bild vertraulich machte, zu Tage kam. So
einsam sein Haus und Garten war, unablässig schwebte die
20 Phantasie seiner Preußen um den geweihten Raum. Wem
es einmal glückte, in warmer Mondnacht in die Nähe des
Schlosses zu kommen, der fand vielleicht offene Thüren, ohne
Wache, und er konnte in der Schlafstube den großen König
auf seinem Feldbett schlummern sehen. Der Duft der Blü-
25 then, das Nachtlied der Vögel, das stille Mondlicht waren die
einzigen Wächter und fast der ganze Hofstaat des einsamen
Mannes.

Noch vierzehnmal seit der Erwerbung von Westpreußen
blühten die Orangen von Sanssouci, da wurde die Natur
30 Meisterin auch des großen Königs. Er starb allein, nur von
seinen Dienern umgeben.

Mit ehrgeizigem Sinn war er in der Blüthe des Lebens ausgezogen, alle hohen und prächtigen Kränze des Lebens hatte er dem Schicksal abgerungen, der Fürst von Dichtern und Philosophen, der Geschichtschreiber, der Feldherr. Kein Triumph, den er sich erkämpft, hatte ihn befriedigt. Zufällig, unsicher, nichtig war ihm aller Erdenruhm geworden; nur das Pflichtgefühl, das unablässig wirkende, eiserne, war ihm geblieben. Aus dem gefährlichen Wechsel von warmer Begeisterung und nüchterner Schärfe war seine Seele heraufgewachsen. Mit Willkür hatte er sich poetisch einzelne Menschen verklärt, die Menge, die ihn umgab, verachtet. Aber in den Kämpfen seines Lebens verlor er den Egoismus, verlor er fast Alles, was ihm persönlich lieb war, und er endigte damit, die Einzelnen gering zu achten, während sich ihm das Bedürfniß, für das Ganze zu leben, immer stärker erhob. Mit der feinsten Selbstsucht hatte er das Größte für sich begehrt und selbstlos gab er zuletzt sich selbst für das gemeine Wohl und das Glück der Kleinen. Als ein Idealist war er in das Leben getreten, auch durch die furchtbarsten Erfahrungen wurden ihm seine Ideale nicht zerrissen, sondern veredelt, gehoben, geläutert; viele Menschen hatte er seinem Staat zum Opfer gebracht, Niemanden so sehr als sich selbst.

Ungewöhnlich und groß erschien das seinen Zeitgenossen, größer uns, die wir die Spuren seiner Wirksamkeit in dem Charakter unseres Volkes, unserem Staatsleben, unserer Kunst und Literatur bis zur Gegenwart verfolgen.

---

1. Bei Eröffnung des Feldzugs 1756.

Krieg ist mein Lied! Weil alle Welt
Krieg will, so sei es Krieg!
Berlin sei Sparta! Preußens Held
Gekrönt mit Ruhm und Sieg!

Gern will ich seine Thaten thun;   5
Die Leier in die Hand,
Wenn meine blut'gen Waffen ruhn
Und hangen an der Wand.

Auch stimmt' ich hohen Schlachtgesang
Mit seinen Helden an,   10
Bei Pauken= und Trompetenklang,
Im Lärm von Roß und Mann,

Und streit', ein tapf'rer Grenadier,
Von Friedrichs Muth erfüllt!
Was acht' ich es, wenn über mir   15
Kanonendonner brüllt?

Ein Held fall' ich; noch sterbend droht
Mein Säbel in der Hand!
Unsterblich macht der Heldentod,
Der Tod für's Vaterland.   20

Auch kommt man aus der Welt davon
Geschwinder wie der Blitz,
Und wer ihn stirbt, bekommt zum Lohn
Im Himmel hohen Sitz.

Wenn aber ich als solch ein Held   25
Dir, Mars, nicht sterben soll,
Nicht glänzen soll im Sternenzelt,
So leb' ich dem Apoll!

So werd' aus Friedrichs Grenadier,
Dem Schutz, der Ruhm des Staats,   30
So lern' er deutscher Sprache Zier,
Und werde sein Horaz!

Dann singe Gott und Friederich,
Nichts kleiners, stolzes Lied!
Dem Adler gleich erhebe dich,   35
Der in die Sonne sieht!

Joh. W. L. Gleim

2. Ode an die Preussische Armee.

Unüberwund'nes Heer! mit dem Tod und Verderben
In Legionen Feinde bringt,
Um das der frohe Sieg die gold'nen Flügel schwingt,
O Heer, bereit zum Siegen oder Sterben.

Sieh! Feinde, deren Last die Hügel fast versinken,   5
Den Erdkreis beben macht,
Ziehn gegen dich und drohn mit Qual und ew'ger Nacht;
Das Wasser fehlt, wo ihre Rosse trinken.

Der dürre schiele Neid treibt niederträcht'ge Schaaren
Aus West und Süd' heraus,   10
Und Nordens Höhlen spein, so wie des Osts, Barbaren
Und Ungeheu'r, dich zu verschlingen, aus.

Verdopple deinen Muth! Der Feinde wilde Fluthen
Hemmt Friedrich und dein starker Arm,
Und die Gerechtigkeit verjagt den tollen Schwarm: 15
Sie blitzt durch dich auf ihn, und seine Rücken bluten.

Die Nachwelt wird auf dich als auf ein Muster sehen;
Die künft'gen Helden ehren dich,
Ziehn dich den Römern vor, dem Cäsar Friederich,
Und Böhmens Felsen sind dir ewige Trophäen.   20

Nur schone wie bisher, im Lauf von großen Thaten,
Den Landmann, der dein Feind nicht ist!
Hilf seiner Noth, wenn du von Noth entfernet bist;
Das Rauben überlaß den Feigen und Croaten!

Ich seh' — ich sehe schon — freut euch, o Preußens Freunde,
Die Tage deines Ruhms sich nahn.   26
In Ungewittern ziehn die Wilden stolz heran;
Doch Friedrich winket dir — wo sind· sie nun, die Feinde?

Du eilest ihnen nach und drückst mit schwerem Eisen
Den Tod tief ihren Schädeln ein,   30
Und kehrst voll Ruhm zurück, die Deinen zu erfreun,
Die jauchzend dich empfahn und ihre Retter preisen.

Auch ich, ich werde noch — vergönnt es mir, o Himmel!
Einher vor wenig Helden ziehn.
Ich seh' dich, stolzer Feind, den kleinen Haufen fliehn,   35
Und find' Ehr' oder Tod im rasenden Getümmel.

E. Chr. von Kleist.

3. Friedrich der Grosse. Ein Hymnus.

Als ich ein Knabe noch war,
Und Friedrichs Thatenruf
Ueber den Erdkreis scholl,
Da weint' ich vor Freuden über die Größe des Mannes,
Und die schimmernde Thräne galt für Gesang.   5

Als ich ein Jüngling ward,
Und Friedrichs Thatenruf
Ueber den Erdkreis immer mächtiger scholl,
Da nahm ich ungestüm die goldne Harfe,
Drein zu stürmen Friedrichs Lob.   10

Doch herunter vom Sonnenberge
Hört' ich seiner Barden Gesang;
Hörte Kleist, der für Friedrich
Mit der Harf' ins Blut stürzte;
Hörte Gleim den Kühnen,   15
Der des Liedes Feuerpfeil
Wie die Grenade schwingt;
Hörte Ramlern, der mit Flaccus' Geist
Deutschen Biedersinn einigt;
Auch hört' ich Willamov, der Friedrichs Namen   20
Im Dithyrambensturm wirbelt;
Dich hört' ich auch, o Karschin, deren Gesang
Wie Honig von den Lippen der Natur
Träuft; da verstummt' ich,
Und mein Verstummen galt für Gesang.   25

Aber soll ich immer verstummen?
Soll der Bewundrung und der Liebe Wogendrang

Den Busen mir sprengen? Nein, ich wag's,
Ergreife die Harf' und singe Friedrichs Lob.

    Von meines Berges Donnerhöhe   30
Ström' auf gesteintem Rücken hinunter,
Du meines Hymnus Feuerstrom,
Es stäub' und donnr' im Thale
Meines Hymnus Feuer,
Daß es hören die Völker umher!   35

    Auf schwerer Prüfungen Nachtpfad
Führte die Vorsicht den Helden,
Eh' er drang in der Größe Heiligthum.
Sah er nicht träufen das Schwert
Von Katt, seines Freundes Blute?   40
Sah er nicht blinken das Schwert
Auf seinem eignen Nacken?
Muthig und furchtlos blieb er: denn Furcht
Kannt' er schon als Jüngling nicht.

    In der Muse keuscher Umarmung   45
Uebt' er sich zu tragen den goldnen Scepter.
Schon flammt auf seinem Haupte das Königsdiadem,
Wie der wolkensammelnde Zeus
Saß er auf dem Thron' und schüttelte Blitze:
Da floh die Dummheit und der Unsinn   50
Und Barbarei, die Nachtgefährtin.
Er selbst war das Urbild der Weisen;
Riß dir, Macchiavell, die Larve vom Antlitz,
Und predigte Fürsten die Herrscherkunst.
Die Geister seiner Ahnen stiegen aus der Gruft;   55
Mit des Meisters Pinsel zeichnet' er sie,
Sang hohe Gesäng' in die Lyra,

Und spielte die Flöte Apolls.
Wie aus der Urnacht Tiefe
Von Gott gerufen, Sonnen flockten,   60
So stiegen Weisen und Künstler empor,
Und der Städte Fürstin ward Berlin.

Von Friedrichs Schwert berührt,
Erstickt das Schlangenungeheuer, die Chicane,
Im ausgesprudelten Giftschaum,   65
Und des Bettlers und Prinzen Recht
Wurde von Friedrichs Hand
Auf gleicher Schale gewogen.
Hector, Achill und Caesar und Julian,
Der Vorwelt und der Afterwelt Helden,   70
Staunten, als sein Kriegerruf hinabdonnerte
In des Todes Schattengefild.
Furchtbar bildet' er sein Heer.
Erfand nicht Friedrich jenen Knäuel,
Der, plötzlich aufgerollt,   75
Größere Heere in Staub wirft?
Fünfmal donnerte Friedrich-Wodan,
Und sein war Silesia, seiner Krone
Köstlichstes Gestein.

Seiner Größe Sonnenpunkt kam!   80
Habsburgs Adler schwebt schreckbar über ihm,
Er dürstete Friedrichs Blut!
Moscoviens Bär mit eisbehang'nen Haaren
Dürstete Friedrichs Blut.
Gallia schwang die lichtweiße Lilie,   85
Sie zu tauchen in Friedrichs Blut.
Selbst Wasa's Enkel

Und Germaniens mächtigste Fürsten und Städte
Zuckten die Schwerter, in's Schlachtthal zu gießen
Friedrich-Wodan's Blut.   90

    Er aber, der Einzige! warf
Die erz'ne Brust entgegen
Der todschnaubenden Feindesschaar,
Achtete ihrer schreckbaren Menge,
Ihrer Rosse wie Heuschreckenschwarm,   95
Ihrer zuckenden Lanzen
Und ihrer metall'nen Donnerschlünde nicht.

    Sieben Jahre flog er
Wie der Rachestrahl Gottes im Wettergewölk
Unter seiner Feinde   100
Schwarzen Schaaren umher:
Blut und Hirn und Mark floß,
Und spritzt' an seines Rosses Schenkel.
Leichen dampften, und Grabhügel
Thürmten wie Berge sich.   105
In Riesengestalt trat einher der Würgegeist,
Von Wuthgebrüll und Sterbgewinsel begleitet.
Zwanzig schreckliche Schlachten wurden geschlagen:
Oft schien das Schicksal an Friedrichs Thron zu rütteln
Und den Goldsitz zu werfen in Staub.   110
Der Rauch von Friedrichs festen Städten
Wirbelte mit dem Jammergeächz'
Der Säuglinge, der Greise,
Der Armen und Kranken gen Himmel,
Daß Engel ihr Antlitz bargen und trau'rten.   115
Auch fielen der Helden Friedrichs viel,
Schwerin und Keith und Kleist und Winterfeld,

Und im Entfliehn aus ihren Leibern
Kümmerten sich noch die Geister der Tapfern
Um Friedrichs Heil.   120

Aber der Held stand mit der Rache gezücktem Schwert;
Stand im Geschützdonner, im Säbelgeklirr;
Achtete nicht des bäumenden Rosses Hufschlag,
Nicht des Hochverraths Drachenblick,
Nicht des zaubernden Bundesgenossen,   125
    Nicht der Acht, die ihn
Des Fanatismus Höllenwuth Preis gab.
Ja, so stand er sieben Jahre im Feld des Todes,
Hehr und frei, und groß wie ein Gott.
Es staunten die Völker. Der Helden Geister   130
Nickten ihm Beifall vom Wipfel der Eichen.
Ringsum wichen vor ihm die Schaaren der Hasser:
Und so stand er in seiner Heldenhoheit
Allein da.
Auf Hubertusburgs Zinne   135
Trat der Gerichtsengel und sprach:
„Es ist genug." Die Donner verstummten.
Friedrich zog in seine Königsburg
Und senkt' dem Triumph aus.

Groß und glücklich zu machen sein Volk,   140
War Friedrichs erhabner Gedanke.
In des Landes Wunde träuft' er Balsam.
Palläste stiegen aus Brandstätten empor.
Dem Landmann gab er weisen Unterricht.
Die Musen sonnten sich wieder in Friedrichs Strahl; 145
Er selber war noch immer ihr Liebling.

    „Liebt euer Vaterland!

    F.   6

Sprecht eure Heldensprache stark und rein!
Schlürft aus der Kryſtallquelle,
Draus Griechenland und Latium geſchlürft!   150
Macht durchs Geäffe weicher Auslandsſitte
Erzne Knochen nicht zu Marzipan!"
Sprach er zum Biedervolke ſeines Reichs.
Doch nie legt' er Europens Wagſchal'
Aus der Rechte.   Der Gauen des Helden   155
Wurden ohne Schwertſchlag immer mehr.
Weit hinaus in jedes Labyrinth,
Von der ſchlauſten Staatskunſt geflochten,
Sah ſeines hohen Auges Wetterſtrahl.
Merkbar war das Wehen ſeines Odems   160
In jeder großen That der Welt.
Er wog im Verborg'nen die Rechte der Fürſten;
Auch hängt' er furchtlos die Wagſchal' an's Schwert.
Da drängten ſich Teutoniens Fürſten
In Friedrichs Felſenburg, wo der Rieſe   165
Sinnt auf dem eiſernen Lager;
Sie boten ihm die Hand und nannten ihn
Den Schützer ihrer grauen Rechte, ſprachen:
„Sei unſer Führer, Friedrich=Hermann!"
Er wollt's.   Da ward der deutſche Bund.   170

   Aber immer grauer wird deine Locke,
Einziger, nie ausgeſungener Mann!
Dein Haupt nickt unter deiner Thaten Gebirglaſt.
Bald wirſt du liegen in deiner Väter Gruft,
Und der Unſterblichkeit Ruh' wird über dir ſäuſeln.   175
Voran ſind ſchon deiner Helden viele gegangen;
Deſſau, Schwerin und Winterfeld,

Und Keith und Kleist und Seidlitz und Ziethen
Harren deiner im Tempel der Größe.

Stark kämpftest du den Kampf des Lebens: 180
Stark wirst du kämpfen den Kampf des Todes.
Deinen Herrschergeist gab dir Gott:
Erhalten wird dir Gott
Diesen Herrschergeist.
Huldlächelnd wird Er deiner Seele sagen: 185
„Du schwurst im Drange der größten Gefahr
Als König zu denken, zu leben, zu sterben,
Und Wort hast du gehalten.
Man bring' ihm die Krone,
Die leuchtender strahlt,   190
Als alle Kronen der Erde!
Denn Friedrichs, meines Lieblings, Geist
Ist's werth, ewig Kronen zu tragen."

                                        Chr. F. D Schubart.

NOTES.

PAGE 1.

1. The Thirty Years' War, 1618—1648.

4. Habsburger: the family of Habsburg derived its name from Habsburg (Habichtsburg, Hawk's Castle) in the canton of Aargau in Switzerland, and became powerful through Rudolf von Habsburg, who was elected Emperor of Germany in 1273; the last male of the Habsburg dynasty was Charles VI., who died in 1740; his daughter Maria Theresa, who reigned from 1740—1780, was married to Francis of Lorraine (German Emperor 1745—1765), from whom the present house of Austria (wrongly called Habsburg) is descended.—Bourbonen: the Bourbon dynasty, so called from the possession of the seignory of Bourbon in the province of Bourbonnais, now the department of Allier, ascended the French throne in 1589 (Henry IV. —1610, Louis XIII. —1643, Louis XIV. —1715, Louis XV. —1774, Louis XVI. —1793; Louis XVII. 1814—24, Charles X.—1830. Its present representative is the pretender, Henri Dieudonné, commonly called Comte de Chambord. —sich heraufringen, to struggle upwards, work one's way upwards.

6. Hufe, originally a hide of land ('una hoba quod est XXX iugera terrae araturiae' in a mediæval document), then a small freehold.

8. Barren, bars of metal, bullion.

9. verwüstet: in the Thirty Years' War the Marches of Brandenburg had been devastated by the armies both of Protestants and Imperialists.

12. Nutzvieh, lit. 'beasts of use,' cattle.—Urnatur, a rare word, primitive nature.—Friedrich Wilhelm, the great Elector, reigned from 1640—1688. "He found Brandenburg annihilated, and he left Brandenburg sound and flourishing; a great country, or already on the way towards greatness. Undoubtedly a most rapid, clear-eyed, active man. There was a stroke in him swift as lightning, well-aimed mostly, and of a

respectable weight withal; which shattered asunder a whole world of impediments for him." Carlyle (III. 18).

13. Kurhut, the peculiar scarlet and ermine hat worn by an elector (Kurfürſt) of the Holy Roman Empire. The first part of the word is tie Kur = tie Kurwürte, from the verb küren or kieſen, which is cognate with the E. *choose* and Fr. *choisir.* For an account of the electors see Carlyle (II. 4).

15. Stammland = angeſtammtes Lant, inheritance.

19. Etwas höher faſſen, to show a higher appreciation of something. We should commonly say auffaſſen in this sense.

PAGE 2.

2. Frederick the Great states at the beginning of his work, *Histoire de mon temps,* as follows: "*A la mort de Frédéric Guillaume, Roi de Prusse* (1740), *les revenus de l'État ne montaient qu'à sept millions quatre cent mille écus. La population dans toutes les provinces pouvait aller à trois millions d'âmes.*" In the edition of 1788 it is observed, "*C'est un nombre rond que le Roi met ici ; la véritable population n'alla en* 1740 *qu'à* 2,240,000 *personnes.*"

5. Das Kaiſerhaus is the imperial dynasty of Habsburg.—ſeither = ſeittem, ever since.

6. Weſen is a comprehensive term denoting (1) existence, (2) being, (3) the characteristic qualities of something.

12 sq. Observe the subjunctive in the dependent clause in indirect speech.

14. unbefangen, unprejudiced. We say in einem Vorurtheil befangen ſein, to be influenced by a prejudice.

17. in tie Höhe ſchnellen is properly used of the rebounding of some elastic material.

18. We might also say als anterswo, or irgent wo anters.

24. ter Slavengrunt, Slavonic territory. The Marches had originally been inhabited by Slavonic tribes. " Brantenburg, either ' Burg of the Brenns ' (if there ever was any *Tribe* of Brenns) or ' Burg of the Woods,' say others" (Carlyle, II. 1). ' Preußen ' itself, or Prussia proper, was originally inhabited by the heathen Prussians, who were conquered and forcibly converted to Christianity by the Teutonic Order ; see Carlyle, II. 6.

25. ties Neue, 'this novel feature.'

27. umſchließen: more commonly einſchließen.

29. ſchneitent, 'sharp, strongly marked.'

PAGE 3.

3. ſein mag, 'is perhaps,' or 'probably.' This is a common way of translating these adverbs; e.g. er mag ein ganz guter Junge ſein, he is perhaps quite a good boy.—nicht ohne Schaten is an instance of the figure called *litotes*, i. e. two negatives enforcing an affirmative thought. Here, e.g., nicht ohne means as much as mit ſehr vielem Sch.

4. Grenzlant, 'border district' (comp. l. 27). The ancient inheritance of the house of Hohenzollern, being the electorate of Brandenburg and the duchy of Prussia, bordered upon the Swedish and Polish possessions; the Rhenish possessions lay close to the French and Dutch.

7. Observe the alliterative character of the phrase Wohl und Wehe. — Verwidlung, lit. 'complication,' is frequently used in the sense of political crisis.

10. Comp. the statement 1, 15.

13. Regiment is often used of 'rule, government.' 'Regiment' bears the same sense in Elizabethan English.

15. The second war which Louis XIV. carried on against the Netherlands lasted from 1672—1678, and ended in the treaty of Nimeguen. Friedrich Wilhelm fought there on Kaiser Leopold's side, after the year 1674, when the German Empire joined in the war against Louis. See Carlyle, III. 18.

20. Stammcharafter : cp. 1, 15; 4, 4.

24. It would be more common to say wenig Gelehrte (omitting the preposition).

26. abtämpfen, lit. to let off steam; hence abgetämpft may be translated by 'cooled down.'

27. ſitzen is often used in the sense of wohnen, though with a sense of perpetuity = anſäſſig ſein, 'to be settled.'

29. tnorrig is originally used of trees, 'knotty,' 'gnarled.' The metaphorical use of this word may be easily understood.

PAGE 4.

1. The Berliners enjoy even now-a-days the reputation of sarcasm and witticism.

3. zäh, in Old German zâch, is probably akin to E. *tough*, Anglo-S. *tôh*, which stands for *tah* or *tah*.

6. Charles the Great, commonly called Charlemagne, reigned from
768—814.

8. Vergrößerer, a somewhat unusual noun (from vergrößern, 'to
enlarge'), instead of which we commonly use Vermehrer.

12. The dynasty of the Wasa was founded by Gustavus Wasa,
who liberated Sweden from the Danes (1521). His grandson was
Gustavus Adolphus, the hero of the Thirty Years' War. When
Christina, the only daughter and heiress of the great king, abdicated
in 1654, her crown passed to Karl Gustav of Zweibrücken, of the
house of Wittelsbach, 'a great and mighty man, lion of the North
in his time' (Carlyle), the grandfather of Charles XII. (There is
also a Roman Catholic branch of the house of Wittelsbach, viz. the
Bavarian.)

19. gescheit, 'clever.' Worcester observes that *clever* is evidently
derived from the verb *to cleave*, and that several of the words which
describe the various mental powers are derived from words signifying to
'split, cleave'; we may compare gescheid from scheiten, to separate, sever.
The spellings gescheit and gescheitt, as well as the form gescheut, are not
correct.

22. der teutsche Krieg denotes the Thirty Years' War.— The four
monarchs alluded to are the following:

1. Friedrich Wilhelm, the great Elector, 1640—1688.
2. Friedrich I., the first King, 1688—1713.
3. Friedrich Wilhelm I., 1713—1740.
4. Friedrich II., der Große, 1740—1786.

25. Ergänzung, supplement or complement.

PAGE 5.

1. Friedrich Wilhelm I. had married Sophia Dorothea of Hanover
(daughter to George I., subsequently King of England), on Nov. 28,
1706; Friedrich (born Jan. 24, 1712) was their fourth child; but two
had died before him, and only one girl, Wilhelmina, afterwards Margra-
vine of Baireuth, had survived. Comp. l. 27.

2. Sonnenschein is used metaphorically to denote cheerfulness.

6. das Naturéll, natural character, temper.

7. Reibung, quarrel, disagreement.

14. keine bedeutende Frau, a woman rather wanting in force of
character. Carlyle seems to think better of her.

20. Das Aufleben, 'the development,' not a common word.—die Kinderseele means the same as die kindliche Seele or die Seele des Kindes.

23. unhold, unamiable, unkind.

25. The instructions written down by the king himself concerning Fritz's education and studies have been partly translated and discussed by Carlyle, IV. 3.

PAGE 6.

4. sich gehen lassen is an idiomatic phrase denoting 'to be careless, negligent,' or ' to take things easily.'

7. Frederick's *gouvernante* was *Madame de Roucoulles*, whose history and character have been detailed by Carlyle, IV. I.

10. Appartements (which should be pronounced in the French manner) is a more elegant expression than Gemächer or Zimmer.

14. bedeutsam, 'significantly.' Here is Wilhelmina's own narrative as given by Carlyle, VI. 2 :—" My brother and I had all the mind in the world to laugh ; we tried hard to keep from laughing, but often we burst out. Thereupon reprimand, with all the anathemas of the Church hurled out on us ; which we had to take with a contrite penitent air, a thing not easy to bring your face to at the moment."

16. kindisch, 'childish'; kindlich, 'childlike.'

19. " The Boy does not take to hunting at all ; likes verses, story-books, flute-playing better ; seems to be of effeminate tendencies, an effeminirter Kerl ; affects French modes, combs-out his hair, like a cockatoo, the foolish French fop, instead of conforming to the Army-regulation, which prescribes close-cropping and a club." Carlyle, IV. II.—*malpropre* is the French term (used by the king himself) instead of unrein, unsauber.

28. innerlichst = in seinem tiefsten Innern.—widerstand is used in the sense of widerstrebte or zuwider war. We properly say this of food which goes against the stomach.

PAGE 7.

2. als Trotz, in the form of defiance.

4. zutragen is often used of *carrying* tales (comp. a talebearer, ein Zuträger, and the Latin expression *delator*).

5. Our author is fond of omitting the verb wherever it may be easily understood by the reader (here e. g. entwickelte sich). The omission of the verb produces the effect of describing, instead of narrating.

10. Friedrich Wilhelm's visit to Dresden, where the Prussian King was splendidly entertained by the Elector of Saxe and King of Poland, August ꝛꞇꞇ Ꞩꞇꞗꞃꝼꞇ, took place in January and February 1728, when the Crown-prince was sixteen years old. See Carlyle, VI. 3, who observes that Frederick's life 'for the next four or five years' after the Dresden visit 'was extremely dissolute.'

17. ſteigent, increasing.

20. ſtille Anſprüche, 'silent claims.'

22. Frederick's attempt at flight occurred in August 1730 (Carlyle, VII. 6), during a tour in the South of Germany. The prince was henceforth considered a prisoner and placed before a court-martial as having intended to desert, but the court refused to pass sentence of death. Frederick's friend and abettor in this scheme, Lieutenant von Katte, was executed under Frederick's window in the fortress of Küstrin. Carlyle, VII. 9.

25. Küſtrin is a strong fortress on the junction of the Warthe and Oder.—Ruppin, 'a quiet dull little town in that north-western region' (Carlyle, IX. 2), was Frederick's place of residence from the spring of 1732 till August 1736.

26. Lehrjahre, 'years of apprenticeship'—a term rendered famous through Goethe's novel of *Wilhelm Meister's Lehrjahre*.

PAGE 8.

3. tꝛch, 'after all.' In this way we employ tꝛch to meet a possible objection.

5. Argwohn, 'suspicion'; the old form of the word was Argwahn (M. H. G. *arcwân*), the second part being the noun Wahn connected with mähnen and E. *to ween*. See note on Kohlrausch p. 8, 6.

12 sq. "In all outward particulars the Crown-Prince conforms; in the inward, he exercises a judgment, and if he cannot conform, is at least careful to *hide*." Carlyle, IX. 2.

22 sq. On Frederick's studies "in the Domain-Sciences and other-wise" at Küstrin see Carlyle, VIII. 5.

26. For the derivation of the name of *Mecklenburg* we refer to our note on Kohlrausch p. 25, 2.—(Frederick) "is very industrious… to get *tall recruits*, as a dainty to Papa. Knows that nothing in nature is so sure of conciliating that strange old gentleman." Carlyle, IX. 2.

31. ein Plus, i.e. an increase of the profits hitherto attained.—an tie Hanb geben is an idiomatic phrase meaning 'to point out volun-tarily.'

PAGE 9.

1. tie Riefen are the gigantic soldiers of King Friedrich Wilhelm ; see p. 8, 26.

5. Wirthſchaftlichkeit has occurred before, p. 8, 19.—wunderlich and verwunterlich are always used in an unfavourable, or at least ironical sense : .'strange, curious, queer,' and especially of persons whose manner and mind create *wonder* (but not admiration) ; wunderbar = wie ein Wunter erſcheinent, miraculous, marvellous. Another adjective, wunterſam, is used in pretty much the same way, but appears to be limited to an elevated style. See Sanders, Wörterb. teutſcher Synony-men, p. 39 sq.

8. bis in tas Einzelne, 'not excepting even the smallest details.'

9. eingreifen in etwas, lit. 'to put (one's hand or finger) in some-thing,' i. e. to meddle (interfere) with it.

14. ge-läuf-ig (from laufen), properly 'current'; hence eine Sache iſt mir geläufig, a matter is familiar to me, or 'I am quite familiar with it.'

16. tas kleine Leben means the life of the lower ranks.

18. Hauswirth, comp. Goethe, *Hermann and Dorothea* 1, 32.

23. Detail = Einzelheiten, p. 10, 1. The word should be pronounced in the German (not in the French) manner.

24. In this phrase it would, perhaps, be more usual to employ the simple verb heben, instead of the compound which our author has preferred. Thus we say ter Wohlſtant tieſes Lantes hat ſich ſehr gehoben, the prosperity of this country has greatly increased.

PAGE 10.

1. Observe the difference between geſchäſtlich, 'appertaining to business,' and geſchäftig, 'busy.'

6. verwinten is idiomatically used of 'getting over' something unpleasant. Comp. überwinten l. 14.

10. See Carlyle's account, IX. 1, where several authentic letters are inserted to show Frederick's great aversion to this match. The marriage took place on June 12, 1733. (Carlyle, IX. 7.)

17. In a less concise style ſentern would be added before auch.

20. "The young wife had an honest guileless heart, considerable sense.—With the gay temper of eighteen, and her native loyalty of mind, she seems to have shaped herself successfully to the Prince's

taste, and growing yearly gracefuller and better-looking was an ornament and pleasant addition to his Ruppin existence." Carlyle, IX. 7.

23. wäre fie, etc. is a shortened conditional clause instead of wenn fie auch (even if) ein Engel gewesen wäre.

27. wohl expresses conjecture (we may here translate it by ' pretty generally'); see Aue, § 243, 7 (p. 200).

29. Rheinsberg, an old castle in Frederick's Amt Ruppin, was purchased by the king in autumn, 1733. Frederick made many improvements so as to render it "a really handsome princely kind of residence." (Carlyle.) At Rheinsberg Frederick resided from autumn, 1736, until his accession to the throne, in 1740. " Friedrich's happiest time was this at Rheinsberg....His wife too appears to have been happy. She had the charm of youth, of good looks; a wholesome perfect loyalty of character withal....This poor Crown-Princess, afterward Queen, has been heard, in her old age, reverting, in a touching transient way, to the glad days she had at Rheinsberg." (Carlyle, X. 1.)

PAGE 11.

4. aufgeweckt, 'bright, quick-witted'; comp. the English expression ' wide awake.'

15. "We can observe these meetings, within two or three years" after the death of Friedrich Wilhelm I., "have become much rarer, and perhaps about the end of the third or fourth year, they altogether cease and pass merely into the formal character." Carlyle, XI. 1.

16. etwa should be translated by a verbal phrase, e. g. 'which *she may be supposed* to have acquired.'

19. sparsam is used in the sense of spärlich (=selten, rare). It generally means ' frugal.'

20 sq. Compare the account given by Carlyle, XXI. 8, of the king's visits to the queen's apartments, when " he usually said not a word to her. He merely, on entering, on sitting down at table and leaving it, made the customary bows and sat opposite to her." She survived Frederick and was holding a soirée at her country-seat of Schönhausen the very evening of her husband's death.

25. See note on p. 5, 1. Wilhelmina died in October 1758 (Carlyle, XVIII. 14).

31. Sophia Dorothea died on June 28, 1757. Frederick never spoke to her but with his hat in his hand.

PAGE 12.

4. Fronte machen is an imitation of the French *fronder*. "*Fronde* est le nom du parti qui prit les armes contre la cour, sous la minorité de Louis XIV. *Fronder* signifie, parler contre le gouvernement, ou, en général, montrer une humeur morose, chagrine, désapprouver, blâmer tout." *Dictionnaire de l'Académie.*

5. Madame *de Camas*, whom Frederick used to style *Ma bonne Maman*, the widow of a German-French officer, the Queen's Oberhofmeisterin, died at the age of eighty, Nov. 18, 1765.

29. The *Encyclopédie*, a vast undertaking originally designed by Diderot, comprises a series of articles on all branches of human knowledge in alphabetical order. It consisted of 22 volumes in folio. The principal contributors to it were Diderot, D'Alembert, Condillac, Helvétius, d'Holbach, and Voltaire.—Christian Wolf (or Wolff) was born at Breslau in 1679, became professor of philosophy at the newly founded university of Halle in 1707, was deprived of his professorship in 1723, whereupon he went to Marburg, was recalled by Frederick the Great immediately on his accession to the throne in 1740, and died at Halle in 1752. He was, perhaps, the most influential philosopher in Germany between Leibnitz and Kant. Frederick had tried to read Wolf's chief work in German, but found it too abstruse ; he got through a French translation made for him by Sühm. Carlyle, x. 2.

PAGE 13.

3. A few hours before his death, Friedrich Wilhelm I. abdicated in favour of his son. The day was May 31, 1740. Carlyle, x. 8.

8. The agent in question was Seckendorf ; see his *Journal*, 2nd Jan. 1738.

15. Many superfluous posts and court charges had been abolished by Friedrich Wilhelm I. It was thought likely that Frederick would revive the shallow magnificence and splendour of Frederick I.

PAGE 14.

7. For the phrase auf Erten as compared with auf ter Erte, see Aue § 137, note.

13. An excellent essay on Frederick's poetry—so greatly under-valued in Macaulay's bantering *Essay on Frederick the Great*—may be found in the third volume of the late Professor M. Haupt's *Opuscula.*

20. frei is the adverb, 'of his own free will and invention.'

25. empfintlich is here employed in a passive sense 'palpable,' generally in an unpleasant manner; but in the phrase ein empfintlicher Menſch the adjective is active: 'a sensitive man.'

31. ſeine Lieben, 'his dear ones,' not an uncommon phrase. Schiller, *Glocke:*

> Er zählt die Häupter ſeiner Lieben,
> Und ſieh, ihm fehlt kein theu'res Haupt.

PAGE 15.

8. Goethe's novel, *Werther's Leiden* (properly Leiden des jungen Werther's), appeared in 1774; its high-strung tone of morbid senti-mentality produced an immense impression and called forth numerous imitations.

17. liebeſpinnend is a rare word, probably coined by our author. He means to designate poetry as weaving threads of love.

19. frug: we also say fragte, which is perhaps more common than the strong form.

22. verflärenter Schimmer, 'radiant halo.'

25. will = erſtrebt.

27. im günſtigſten Falle, 'at the very best.'

30. 'With firmness and a feeling of equality.'

PAGE 16.

2 sq. The same persons feel like subjects within the pale of his Majesty's court, but begin to censure and cavil when the sense of their rights again becomes stronger within them.

6. rückhaltsles (lit. 'without holding anything back'), unreservedly.

16. wild is here 'irregular, unruly.'

18. die Blöße, properly 'an uncovered place,' hence ſich eine Blöße geben, to lay one's self open to an attack.

23. unentlich, 'without ever ceasing.'

27. improviſiren is a foreign term pretty familiar in German, instead of which we have however the native phrase, etwas aus dem Stegreif ſagen or vorbringen.

NOTES. 83

29. Compare the phrase ꜳen einem Unglück betroffen werten, ' to be visited by a misfortune.'

PAGE 17.

3. It would not be incorrect to join the prep. über with the dative in such a phrase as the present.

4. ernſthaft is less frequent as an adverb, in which sense we should commonly use ernſtlich. Grimm does not quote a single instance of the adverbial use of this word.

9. The eighteenth century is more particularly styled taꜳ Zeitalter ter Aufklärung, on account of the philosophical tendencies then pervading England, France, and Germany. Comp. below p. 53, 9.

14. Pompadour (la Marquise de) was the mistress of Louis XV. of France, and as such exercised considerable influence upon state affairs. She was born in 1721, and died on April 15, 1764.

15. *Elizabeth* I., Empress of Russia, daughter of Peter the Great and Catharine I., born 1709, reigned from December 1741 to Jan. 5, 1762. She was one of the bitterest enemies of Frederick in the seven years' war.—*Maria Theresa*, daughter and heir of Charles VI., whom she succeeded in October, 1740. She died Nov. 29, 1780.

17. So, in this manner.—The compound Dichteritzal is not given in Grimm's dictionary.

21. Jean-Baptiste, Marquis *d'Argens*, born at Aix June 24, 1704, chamberlain and president of the Berlin Academy, died on Jan. 11, 1771.

28. More commonly es would be inserted after iſt, to serve as a kind of representative of the dependent clause beginning with taꜳ.

29. Sanſſouci, Frederick's palace near Potsdam, built in the years 1745—1747.

PAGE 18.

7. Frederick had shaped to himself a portrait of d'Argens *agreeable to his mind* (gemüthlich), which portrait was, however, merely a poetical fiction (poetiſch).

13. Observe the omission of the auxiliary hatte in the relative sentence.

15. Observe the difference between empfintlich (sensitive = easily offended) and empfintſam (sentimental—first employed to translate *sentimental journey*, on Lessing's suggestion, a. 1768: see Grimm s. v.).

17.　übellaunisch is not a common adjective; übelgelaunt is, perhaps, more usual, though not exactly suited to the present passage.

18.　Freundesbrief is more expressive than ein freundlicher Brief; it means 'a letter such as only a sincere friend can write.'

19.　Das Krankthun, 'affectation of illness'; we say commonly, er thut (stellt sich) krank.

20.　Wärwolf originally means 'man-wolf' (i. e. a human being endowed with the faculty of turning himself into a wolf), from the old word wer, 'man'; Gothic vair, Latin vir. The French term is *loup-garou*, in which gar corresponds to wer, and ou to ulf = wolf (Low Latin gerulphus, Old French garoul), loup having been prefixed when the meaning of the last syllable had been forgotten.

28.　The foreign term Legitimation is often employed to denote all such papers as are prescribed by law as *pièces justificatives*. Here we might substitute the German word Rechtfertigung.

31.　Stachelreden, 'cutting observations' = Reden, in denen ein Stachel ist, or welche stechen.

PAGE 19.

7.　behandelt, sc. habe. This omission of the subj. of the auxiliary in a dependent clause is peculiar to a rhetorical style.

9.　The Marquis d'Argens died at a castle near Toulon belonging to his sister.

17.　Frederick succeeded his father on May 31, 1740; Karl VI. died on Oct. 20, 1740.

19.　The omission of the indefinite article before solchen is unusual.

22.　Ein Siebentheil is a fuller and more original expression than ein Siebtel.

24.　Es ist wahr is identical in meaning with the adverb zwar, which is, however, a compression of an original ze wâre, 'in truth, in sooth.' We might also say zwar war sein Heer, etc., but this appears to have been avoided by the writer on account of the identity of sound in the first two words.

26.　der is not the article, but = derjenigen.

30.　sich mit Jemand messen, to measure (one's strength) with some one.

PAGE 20.

2.　"A.D. 1537 occurred the Erbverbrüterung : Duke of Liegnitz, and of other extensive heritages, making Deed of Brotherhood with Kur-Brandenburg;—Deed forbidden, and so far as might be, rubbed out and annihilated by the then King of Bohemia, subsequently Kaiser, Ferdinand I., Karl V.'s Brother. Duke of Liegnitz had to give up his parchments, and became zero in that matter: Kur-Brandenburg entirely refused to do so; kept his parchments to see if they would not turn to something." Carlyle, XII. 1.

3. Fetern here = bezahlte Schriftsteller.

11. sein Interesse verfolgen, to pursue one's interest. Thus we say especially, sein Recht verfolgen.

14. Frederick the Great himself describes the stipulations made in the Westphalian peace (1648) with regard to Pomerania, in his *Mémoires pour servir à l'histoire de la maison de Brandebourg:* "La France qui avait épousé les intérêts de la Suède, demandait que ce royaume conservât la Poméranie, en dédommagement des frais que la guerre avait coûtés à Gustave Adolphe et à ses successeurs : et quoique l'Empire et l'électeur (Frédéric Guillaume) refusassent de se désister de la Poméranie, on convint enfin que Frédéric Guillaume céderait aux Suédois la Poméranie citérieure, les îles de Rugen et de Wollin, les villes de Stettin, de Gartz, de Golnau et les trois embouchures de l'Oder" (p. 55, éd. de Leipzig 1875).

17. Frederick wrote the words here quoted from Ottmachau, 14th January, 1741. Carlyle, XII. 5, translates them as follows : "Be my Cicero as to the justice of my cause, and I will be thy Cæsar as to the execution." The original French is : "Sois mon Cicéron quant au droit de ma cause, je serai ton César quant à l'exécution."

19. "Ingenious *Jordan*, Inspector of the Poor at Berlin......writes twice a week to his Majesty : pleasant gossipy letters," Carlyle, XII. 3, who gives some specimens of this correspondence.

22. geistvoll is less common than geistreich.

25. The phrase in eine Arbeit treten is less usual, but also more expressive, than an eine Arbeit herantreten.

PAGE 21.

4. rem Freunde, Jordan. The whole passage occurs in a letter dated 3rd March, 1741, and runs as follows: "Tu me trouveras plus philosophique que tu ne l'as cru. Je l'ai toujours été, un peu plus, un peu moins. Mon âge, le feu des passions, le désir de la gloire, la curiosité même, pour ne te rien cacher, enfin un instinct secret m'ont arraché à la

douceur du repos que je goûtais, et la satisfaction de voir mon nom dans les gazettes et ensuite dans l'histoire m'a séduit." The rest is from a letter dated 15th March, 1741: "Sans ce maudit penchant que j'ai pour la gloire, je t'assure que je ne penserais qu'à ma tranquillité."

9. feitab is less common than abfeits, with which it is, however, identical in meaning.

11. The verb versichern may take either the accusative or the dative of the person to whom assurance is given. In the former case the thing assured is either put in the dative or expressed by a substantival dependent clause with taß. In the latter it is put in the accusative. Thus we may say, Er versicherte feine Gattin ter lebhaftesten Dankbarkeit, or taß er sehr tankbar war, or er versicherte feiner Gattin tie lebhafteste Dankbarkeit. Versichern with the accusative means also 'to insure.'

12. ruhiges Behagen = behagliches, ruhiges Leben. Comp. the adj. unbehaglich 15, and the phrase es behagt mir ties Leben, 'I feel at ease with this kind of life.' Comp. also tas Mißbehagen, p. 22, 9, and see note on *Hermann and Dorothea*, 2, 172.

20. tie griechischen Gelehrtenschulen denotes more especially the various sects of Greek philosophers, such as Stoics, Epicureans, &c. Comp. philosophische Bildung in the next line.

26. Spottverse = spöttische or spottende Verse.

30. werthe Männer, men of worth. Comp. ehrenwerth, p. 23, 20.

PAGE 22.

2. sich aufthun is originally used of a chasm or abyss opening up between, and so dividing persons on either side of it.

5. tas Menschliche should be translated 'human *capacity*.'

16. blieb instead of the compound verblieb, in the sense of erhalten blieb.

19. Remusberg, a fictitious name, with which Frederick often designates his country seat of *Rheinsberg*. Frederick writes from Selowitz, 17th March, 1742: "Je pense souvent à Rémusberg et à cette application volontaire qui me familiarisait avec les sciences et les arts; mais après tout il n'est point d'état sans amertume. J'avais alors mes petits plaisirs et mes petits revers; je naviguais sur l'eau douce, à présent je vogue en pleine mer... Ces mouvements si violents de l'âme ne sont pas ce qu'il faut aux philosophes; car, quoi qu'on dise, il est bien difficile d'être indifférent à des fortunes diverses, et de bannir la sensibilité du cœur humain. Vainement veut-on paraître froid dans la

prospérité, et n'être point touché dans l'affliction ; les traits du visage peuvent se déguiser, mais l'homme, l'intérieur, les replis du cœur n'en sont pas moins affectés."

20. ungeheuer corresponds to the Latin *immanis*, and is here employed in the sense of producing an overpowering impression, 'portentous,' 'stupendous'; comp. the following sentence from Goethe: man glaubt vor ten aufgeschlagenen ungeheuren Büchern tes Schidsals zu stehen Even more appropriate is the following citation from Schiller :

> Wie wenn auf einmal in tie Kreise
> Ter Freute mit Gigantenschritt
> Geheimnißvoll, nach Geisterweise
> Ein ungeheures Schidsal tritt.

The adj. geheuer is now only used in negative phrases, e.g. es ist nicht ganz geheuer hier, 'one does not feel quite secure here.'

26. The original French runs as follows : " Tout ce que je désire pour moi c'est que les succès ne corrompent point l'humanité et ces vertus dont j'ai toujours fait profession. J'espère et je me flatte que mes amis me retrouveront toujours tel que j'ai été."

31. The French is as follows : " Voilà ton ami vainqueur pour la seconde fois dans l'espace de treize mois. Qui aurait dit il y a quelques années que ton écolier en philosophie...jouerait un rôle militaire dans le monde ? Qui aurait dit que la providence eût choisi un poëte pour bouleverser le système de l'Europe ? " (*Œuvres posthumes* 8, 184).

PAGE 23.

5. jung empfinten means to feel like a young man, have youthful feelings.

6. The peace of Breslau, which terminated the first Silesian war, was concluded on June 11, 1742 (and "in a second more solemn edition, Treaty of Berlin, July 28th following." Carlyle, XIII. 14).

7. On Aug. 15, 1744, Frederick set out from Potsdam for the second Silesian war. The peace of Dresden, which terminated it, was signed Christmas Day, 1745 (Carlyle, XV. 15).

12. This refers to the battle of Kesselsdorf (Dec. 15, 1745), by which the war was decided.

14. Carlyle, XV. 15, calls Frederick's letters on the loss of his two friends " painfully tender."

21. empfintsam, see note on p. 18, 15.

23. This is a shortened conditional clause=wenn ich nach Berlin zurückkehre. We might also say bei meiner Rückkehr nach B.

24. isolirt may also be expressed by the native German vereinsamt.

29. Compare the French construction: *elle commence par affaiblir.*

PAGE 24.

2. zurückrufen is an exact translation of the French *rappeler.*

8. begann : the singular of the verb is due to the preceding noun, but more strictly it ought to be mein Schmerz und meine Thränen begannen.

15. geschieden=dahin geschieden, 'departed.'

28. eine einzige Erscheinung, a singular phenomenon.

PAGE 25.

4. Voltaire (François Marie Arouet de), a famous French poet and writer, was born at Châtenay, near Paris, Feb. 20, 1694, lived with Frederick II. 1750—1753, and died during a visit at Paris, May 30, 1778.

5. Wesel, a small fortified town not far from the junction of the river Lippe with the Rhine.

18. Die schönen Geister is a direct translation of the French *les beaux esprits.*

21. ward ihm die Freude : in ordinary German the words zu Theil would be added.

22. Der Hofhalt is less usual than die Hofhaltung and der Hofstaat.

23. The expression ein schlechter Mann is emphatic ; comp. the classical lines :

Den schlechten Mann muß man verachten,
Der nicht bedacht, was er vollbringt.

For Voltaire's character we may especially refer to Carlyle, XVI. 7, "M. de Voltaire has a painful Jew-Lawsuit."

29. behend, 'quick, rapid' ; from *be hende* by (the) hand, at hand. So in modern German bei der Hand sein is 'to be at hand, to be ready,' and hence 'to be quick, alert.'

PAGE 26.

1. We should commonly say in den Augen. The prep. vor would be admissible in such a phrase as er hat vor deinen Augen keine Gnade gefunden.

2. wie fleißig, &c. = obgleich seine Vertrauten sehr fleißig durchsahen.

5. ein berufener Dichter means ein Dichter von Beruf, one whose calling was to be a poet.

7. trivial = ganz gewöhnlich, from *trivium*, a place where three roads or streets meet, an open place in a town. Comp. Virgil *Aen.* IV. 609, Hecate *triviis* ululata per urbes; and Cicero, *De Lege Agr.* I. c. 3, in atriis auctionariis potius quam in *triviis* aut in compitis auctionentur. Hence *trivialis*, what may be met with in the public streets, commonplace, cf. Juv. *Sat.* VII. 55, communi feriat carmen triviale moneta.— *Banal* is derived from *ban*, the assembling of feudal tenants to render their military service to their lord. It was used of those things (e. g. the lord's mill, oven, &c.) which *all* the vassals in common were obliged to make use of, and so came to mean 'what is at the disposition of all, used by all, common, hackneyed.'

9. He was in his æsthetic criticism (criticism in matters of taste) quick to admire and summary in pronouncing judgment.

10. in der Stille, secretly.

12. hätte = haben würde.

14. Convenienz = hergebrachte Sitte, Herkommen, conventionality.

15. Rousseau (Jean-Jacques), born at Geneva, June 29, 1712, died near Paris, June 3, 1778, the author of *Nouvelle Héloïse*, *Emile* (on education), and *Confessions* (his own life), an ardent advocate of the return to nature from the undue refinement of civilized life.

17. Diderot, born at Langres, Oct. 5, 1713, died July 31, 1784, one of the principal writers of the *Encyclopédie*, and perhaps the chief representative of the tendency to base all moral doctrine upon the natural inclinations of human nature.

24. Das Denkmal forms the plurals Denkmale and Denkmäler.

27. ein Betheiligter is one who has some share (Theil) in a transaction.—reflectiren = sich spiegeln.

30. ein Fernstehender, 'an outsider.'

PAGE 27.

5. Apologie = Vertheidigungsschrift.

7. He arranges the facts of history just as he would like to see them handed down to posterity.

9. We say very commonly, sein eignes Thun und Lassen.

16. daneben = nebenbei, 'withal.'

22. Holland was in those days the principal seat of a free press, and there were several important journals edited there, both literary and political.

27. Toleranz = religiöse Dultsamkeit.

31. Instead of the indicative aufhielt, the subj. hätte aufhalten können would be more usual (and perhaps more correct) after the preceding negative clause.

PAGE 28.

1. The Seven Years' War, 1756—63, carried on by Frederick alone against the combined forces of Austria, Germany, France, Russia, and Sweden. England assisted Frederick with subsidies, though not with troops.

8. A reference to a famous saying of Frederick the Great, that a king was merely 'the first *servant* of the state.'

9. eroberungslustig = nach Eroberungen begierig.

14. Energie = Thatkraft.

15. tie Wetter is frequently used in the sense of the sing. das Ungewitter. Thus Goethe says :

Ihr Wetter, Sturm und Regen, verschont das heil'ge Holz!

17. This is an absolute construction, in which the verb is omitted. The noun sein Werkzeug should be considered as the accus. governed by some such word as haltend understood.

19. In ordinary writing we should say tie schon früher erprobte (i. e. bewährte) Gewalt.

20. mochte = es war wohl möglich, daß er seinen Staat noch rettete.

22. We say both Oestreich and Oesterreich. The latter is the original form, the name meaning 'the eastern realm.'

24. The battle of Collin took place on June 18, 1757. Frederick was defeated by the Austrians under Daun (Carlyle XVIII. 4).

29. zumuthen is generally used of raising an unreasonable demand.

31. tie Defensive = der Vertheidigungskrieg.

PAGE 29.

1. brechen is here used in the sense of the compound losbrechen.

8. Dispositionen = Aufstellungen des Heeres.

9. The spelling Hilfe is more correct than Hülfe. The latter is, however, more common.

10. Schlachtenherr is an unusual compound; 'lord in battle.'

15. allein should be translated as an adverb : 'merely by force of numbers.'

17. Mitgefühl is a German rendering of the foreign term Sym. pathie.

21. das Staunen = der Gegenstand des Staunens. For the sympathy and admiration caused by Frederick's victories and defeats, we may also refer to the recollections of Goethe in his Autobiography: see *Goethe's Boyhood* as edited in the Pitt Press Series, p. 34 sq.

23. "The *Oblique Order*, schräge Stellung, is an old plan practised by Epaminondas, and revived by Friedrich—who has tried it in almost all his battles more or less, from Hohenfriedberg forward to Prag, Kolin, Rossbach," etc. Carlyle XVIII. 10, where all the technicalities of this position are explained.

25. Frederick's cavalry was the most excellent in the world, *though it had only been newly created*. It is evident that the participial expression neu geschaffen should be translated like a sentence beginning with obgleich or obschon.

26. Furie = wilde Wuth. This word is technically employed of furious fighting ; comp. Schiller, Wallenstein's Lager : Die Kriegsfurie ist an der Donau los.

27. For Haufen see n. on Kohlrausch, p. 1, 3.

28. More commonly we should add the indefinite article : als ein neuer Fortschritt.

30. Taktik = die Kunst der Aufstellung in der Schlacht.—Strategie (from Greek στρατηγός, 'a leader') = die Führung.

PAGE 30.

4. Analogously to the expression employed in the next line, we might here use die Winterzahl.

5. auch geschlagen = selbst wenn sie geschlagen wurde.

6. geheilt, sc. hatte. The omission of the auxiliary verb in a dependent clause is admissible only in poetry or a rhetorical passage.

10. Lineartaktik is a compound not registered by Sanders, who quotes Linientaktik from Rüstow, a military writer who may be trusted as a safe authority in technical matters.

12. We should understand : wie sehr ihn die Tausende von Karren beengten.

13. The sing. ꞇꞇ Ꞩꞇꞇꞇꞇꞇ is used as a collective term instead of the plural.

15. Ꞩꞇꞇꞇꞇꞇ is a small village about eight miles to the south of the town of Merseburg; it was there that Frederick obtained a splendid victory over the French army combined with the Imperial troops, Nov. 5, 1757. Carlyle XVIII. 8. The 'admirable march' to Silesia is related by Carlyle in the ninth chapter of the same book.

19. Ꮃꞇꞇꞇꞇ means here ꞇꞇꞇ Ꞩꞇꞇꞇꞇꞇꞇꞇꞇꞇ (those upon whom the soldiers were quartered).

20. ꞇꞇꞇ Ꞩꞇꞇꞇꞇ is a less usual and more dignified expression than Ꞩꞇꞇꞇꞇꞇꞇꞇꞇꞇ.

24. Ꞩꞇꞇꞇꞇꞇ is a small fortified town in the district of *Köslin*, near the river *Persante* and on the Baltic. Comp. Carlyle, XVIII. 13, "Though Colberg is the paltriest crow's nest, according to all engineers, and is defended only by 700 militia...Palmbach (the Russian general) could make nothing of it," and again XX. 7 (in 1761) where the 'third siege of Colberg' is narrated.

26. Ꞩꞇꞇꞇꞇꞇꞇ denotes here a war carried on by the people at large, not by regular soldiers. Elsewhere it also bears the sense of a national war.

27. ꞩꞇꞇꞇꞇꞇꞇꞇꞇꞇ = in ꞇꞇꞇꞇꞇꞇ Ꞩꞇꞇꞇꞇ.

28. ꞥꞇꞇꞇꞇꞇꞇꞇꞇ is often employed in the sense of 'visiting with punishment,' hence Ꞩꞇꞇꞇꞇꞇꞇꞇꞇꞇ, 'a visitation,' 'an affliction.'

PAGE 31.

8. Frederick is compared to a lion who defends himself gallantly, but will be overpowered at last in spite of all his bravery, as he is completely surrounded with enemies.

9. Ꞩꞇꞇꞇꞇꞇꞇꞇꞇꞇ, 'a partisan,' is not exactly a dignified expression when applied to Frederick II. The word properly denotes a *condottiere* and should not be loosely employed to denote a 'champion,' which might be more correctly expressed by Ꞩꞇꞇꞇꞇꞇꞇꞇ.

15. Germany was at that time divided into more than 300 different territories!

16. Ꞩꞇ ꞩꞇꞇꞇ ꞷꞇꞇ ꞡꞇꞡꞇꞇ ꞇꞇꞷꞇꞩ is said after the analogy of the phrase ꞩꞇꞇ ꞡꞇꞡꞇꞇ ꞇꞇꞷꞇꞩ (or Ꞩꞇꞇꞇꞇꞇ) ꞩꞇꞇꞇꞇꞇ, which is employed of game standing at bay; in the present passage the usual phrase would be ꞩꞇꞇ ꞷꞇꞇꞇꞩꞇꞇꞇꞇ.

22. Ꞩꞇꞇꞇꞇꞇꞩꞇꞇꞇꞇꞇ, 'heartfelt joy.'—Ꞩꞇꞩ Ꞩꞇꞇꞇ is the German Empire exclusive of Prussia and Austria.

2. 𝔗𝔬𝔱𝔢𝔰𝔫𝔬𝔱𝔥 = 𝔗𝔬𝔱𝔢𝔰𝔤𝔢𝔣𝔞𝔥𝔯. The noun 𝔑𝔢𝔱𝔥 is often used in a rhetorical style as a synonym of 𝔊𝔢𝔣𝔞𝔥𝔯.

3. 𝔴𝔲𝔫𝔱𝔢 𝔖𝔬𝔩𝔱𝔞𝔱𝔢𝔫 is less usual than 𝔳𝔢𝔯𝔴𝔲𝔫𝔱𝔢𝔱𝔢 𝔖𝔬𝔩𝔱𝔞𝔱𝔢𝔫.—For the fact referred to, comp. the ballad *Der Choral von Leuthen* in the collection edited in the Pitt Press Series.

4. We do not remember a particular occasion on which Frederick the Great is reported to have doffed his hat to one of his regiments.

9. 𝔊𝔩𝔢𝔦𝔪, one of the best-known poets of that time, was born on Apr. 2, 1719, and died Febr. 18, 1803. He wrote 𝔓𝔯𝔢𝔲𝔲𝔦𝔰𝔠𝔥𝔢 𝔎𝔯𝔦𝔢𝔤𝔰𝔩𝔦𝔢𝔡𝔢𝔯 𝔢𝔦𝔫𝔢𝔰 𝔊𝔯𝔢𝔫𝔞𝔱𝔦𝔢𝔯𝔰, one of which we have reproduced in the appendix of the present volume. Gleim followed Prince Wilhelm von Schwedt as secretary, and was subsequently attached to Prince Leopold von Dessau in the same quality.

10. 𝔏𝔢𝔰𝔰𝔦𝔫𝔤 (Gotthold Ephraim), one of the principal writers of German literature, born on Jan. 22, 1729, became secretary to the General von Tauentzien at Breslau in 1760, and in 1770 was appointed keeper of the Duke of Brunswick's Library at Wolfenbüttel. He died at Brunswick, Feb. 15, 1781.—𝔈𝔴𝔞𝔩𝔡 𝔳𝔬𝔫 𝔎𝔩𝔢𝔦𝔰𝔱 was born March 3, 1715, and died Aug. 24, 1759, at Frankfort-on-Oder, in consequence of the wounds he had received in the battle of Kunersdorf, Aug. 12, 1759. One of his patriotic poems on the Prussian army will be found in the appendix of the present volume.

17. 𝔇𝔢𝔯 𝔨𝔩𝔢𝔦𝔫𝔢 𝔐𝔞𝔫𝔫 means the ordinary citizen in moderate circumstances.—𝔈𝔦𝔤𝔢𝔫𝔢𝔰 𝔏𝔢𝔦𝔡𝔢𝔫, his personal suffering, 𝔭𝔢𝔯𝔰ö𝔫𝔩𝔦𝔠𝔥𝔢 𝔙𝔢𝔯𝔩𝔲𝔰𝔱𝔢.

20. 𝔕𝔞𝔳𝔢𝔫𝔰𝔟𝔢𝔯𝔤 is part of Westphalia; the country became Prussian in 1666; the capital of it is the well-known manufacturing town of Bielefeld.

21. 𝔣𝔞𝔥𝔫𝔢𝔫𝔣𝔩ü𝔠𝔥𝔱𝔦𝔤 𝔴𝔢𝔯𝔡𝔢𝔫 is a German rendering of the foreign term 𝔡𝔢𝔰𝔢𝔯𝔱𝔦𝔯𝔢𝔫. In the next line, 𝔄𝔲𝔰𝔯𝔢𝔦ß𝔢𝔯 ('runaway') is again identical in meaning with 𝔇𝔢𝔰𝔢𝔯𝔱𝔢𝔲𝔯.

27. The common expression is 𝔄𝔫𝔱𝔥𝔢𝔦𝔩 𝔞𝔫 𝔢𝔱𝔴𝔞𝔰 𝔫𝔢𝔥𝔪𝔢𝔫.

28. 𝔇𝔦𝔢 𝔕ü𝔱𝔩𝔦𝔪ä𝔫𝔫𝔢𝔯 are the men who met in the 𝔑ü𝔱𝔩𝔦 (a mountain-meadow not far from Brunnen in the canton of Schwytz) in order to form a 'solemn league and covenant' against the Austrian oppressors of their country. The rebellion broke out on New-year's day, 1308; the Austrian governors were expelled from the country and their castles destroyed. The independence of the confederacy of the Swiss cantons

of the German Empire was not however recognised until the West-phalian peace, 1648.

30. erleuchtet, instead of the foreign term illuminirt.

PAGE 33.

1. William Pitt, subsequently Earl of Chatham, born at Boconnock in Cornwall, Nov. 15, 1708, died May 11, 1778.—Alliirten = Verbünbeten.

4. The French term Clique is always used in a contemptuous sense.

6. mit etwas laut werten is an unusual expression instead of etwas laut werten laſſen. There is also the phrase (ſich) etwas verlauten laſſen.

10. Der Enthuſiasmus is a Greek word (ἐνθουσιασμός) which may be rendered in German by Begeiſterung.—Pietät = liebevolle Anhänglichkeit.

12. Philip Hackert, one of the best-known painters of the 18th century, born at Prenzlau on Sept. 15, 1737, was appointed painter to the king of Naples in 1786, and died near Florence, April 28, 1807. His life has been written by Goethe.

14. Früchten = Obſt.—The plural ſie is somewhat negligently employed after the sing. der Magiſtrat, which should be considered as a collective.

18. Emben, a sea-trading town, on the Dollart, not far from the river Ems, became Prussian in 1744, Dutch in 1806, French in 1809, Prussian again in 1814, Hanoverian in 1815, and once more Prussian in 1866.—Mogater or Suêra is one of the principal ports in Morocco, on the Atlantic.

19. Die Löſung is less usual than das Löſegelt.

26. der antern = mehr als antere.

29. Der Lantsmann, 'compatriot,' should be carefully distinguished from der Lantmann, 'peasant.'

PAGE 34.

4. Das teutſche Weſen is considered as a jewel which gains by the setting (Faſſung).

9. Die Flügel regen is said of the young bird first attempting to use its wings.

16. Ein geſpannter Blick, an eager look.

19. The author means to say that Frederick felt he had done all human energy could do.

21. Queen Sophia Dorothea died at Berlin, June 28, 1757, in her seventy-first year. See Carlyle, XVIII. 5.—The misfortune of Prince August Wilhelm is narrated by Carlyle in the same place. Frederick wrote to his brother, "I do not complain of your heart, but I do of your incapacity, of your want of judgment in not choosing better methods."

27. See n. on p. 5, 1.

30. Einer Sache gewachsen sein, to be equal to a task.

PAGE 35.

3. die weiten Gassen are the wide gaps made by death in the ranks of the soldiers. In this sense Winkelried is reported to have said: Ich will der Freiheit eine Gasse machen.

6. In a more diffuse style we might have added the words ja vielleicht noch before strenger.

7. die Bravour = Tapferkeit.

9. Er lebte fort (or weiter), he went on living. Thus we should always translate these phrases, e. g. only go on (with your) reading, lies nur immer weiter.

12. Observe the omission of the verb in the sentence beginning with und doch. We may supply either sah er or zeigte sich.

16. Algaretti (Francesco), an Italian scholar and artist, was among the foremost of Frederick's friends. He was born at Venice, Dec. 11, 1712, and died at Pisa, March 3, 1764. Frederick conferred upon him the title of Count.

18. An allusion to the poison Frederick used to carry about his person.

19. Der ganze Handel is a contemptuous expression, in imitation of the French *toute l'affaire.*

23. Observe the subj. in the depending clause after a verb of demanding. We might also say verdienen wohl von dem Deutschen mit Ehrfurcht beachtet zu werden.

24. herausheben means merely 'to pick out' without regard to the judgment shown in the selection; hervorheben (which is far more frequent) is to distinguish, or emphasize something.

PAGE 36.

2. Life is often compared to a tempestuous voyage, and Death to a tranquil harbour in which the tempest-tost bark finds rest at length.

8. The expressions employed by Frederick are of classical origin. In Greek we find that a steady worker is called χαλκέντερος, 'with iron bowels,' and for the next we may refer to Horace's *illi robur et aes triplex* etc.

13. The more usual form of the plural is die Schrecknisse. Die Schrecken is, however, found in the best writers. See again l. 19.

15. Alles again = Alle.

16. Leiten is the dative, as the construction is einer Sache abhelfen.

17. The expression gefüllt mit den Eindrücken is a manifest imitation of the French *rempli des impressions*. In German we should more commonly say, voll von den Eindrücken.

19. The allusion is to the fearful devastations of the Russian troops.

20. Auf meine alten Tage is more idiomatic than the same phrase with in.

21. Theaterkönig, a stage-king, one who merely 'struts and frets his hour upon the stage' without real sovereignty.—herabkommen is metaphorically used of 'sinking down' in the social scale, in wealth and possessions; in the present passage we might also employ herabgesunken.

22. reizvoll = anziehend, 'attractive.'

26. The more usual form of the apodosis would be, so soll es (mir) der Feind theuer bezahlen.

27. Klausner is a somewhat quaint word, denoting a hermit (Einsiedler): eine Klause is 'a hermitage.' We find the word *chlûsa* as early as the tenth century; it is, of course, derived from the Latin *claudere*, past part. *clausum* (*clusum*); compare the synonymous term Kloster ('cloister'), from *claustrum*.

30. auf die Länge = wenn die Sache lange dauert.

PAGE 37.

2. Compare the phrase alle seine Kraft anspannen, 'to exert all one's strength.'

4. Ideen = Gedanken.

12. Compare the French *se couper la gorge*.

14. We say more commonly für etwas einstehen. But when the dative of the person is added, we always employ the simple verb: ich stehe dir dafür.

16. Streich = Fr. *coup*.—Einer Sache quitt sein means to be rid of it, in as far as an account is paid. Compare the ordinary term 'pour acquit.'

18. *Est modus in rebus, sunt certi denique fines,* Hor. Sat. I. 1, 106.

19. ſe§r entſchloſſen is just as unusual in German as ‘very decided’ would be in English ; we should say, ſe§r feſt entſchloſſen.

21. The idiomatic expression is ſich einen Ausweg ſchaffen or ba§nen.— The paraphrase of the gen. (einer jeden Sorte or Art) by means of the prep. von is anything but elegant.

24. frei = Fr. *franchement.*

27. Sertorius fought in Spain against Sulla and Pompey, and was assassinated by Perperna, a. 72 B.C.— *Cato* Uticensis, the stout republican, who stabbed himself to escape falling into Cæsar's hands.

29. It would be more usual to say, mit einem ſolchen Leben.

PAGE 38.

2. The *Stoics* were the disciples of the philosopher Zeno (B.C. 340— 260). They held that the happiness of the truly wise man is entirely independent of the circumstances in which he is placed, and that suicide is justifiable when life can no longer be profitably employed.—Der Moment (though it is in Latin *momentum,* comp. Fr. *le moment*) = Augenblick.

5. meine Schmach means a treaty which involves my disgrace.

8. Comp. the line in Schiller's *Glocke:* Ein ſüßer Troſt iſt i§m geblieben.

14. meine alten Ja§re is not as idiomatic as meine alten Tage, p. 36, 20.

17. gemacht is not exactly the appropriate expression here, as the writer evidently means niedergeſchrieben. In French we have the phrase *faire un livre,* which is in German ein Buch verfaſſen.

19. Stralſund, a strongly fortified seaport in the province of Pommern, held by the Swedes under Charles XII., was besieged and taken by the Prussians and their allies under King Frederick William in December, 1715. For an account of the siege see Carlyle (IV. 5).

20. ſich expediren is the French *s'expédier,* a euphemistic phrase instead of ſich aus der Welt ſchaffen.

23. für mich means ‘according to my own taste.’

26. Henry IV. of Bourbon became king of France by mere chance, as three brothers of the reigning family of Valois happened to die one after the other without issue.

30. wo§l oder übel is a proverbial phrase, corresponding to the Fr. *tant bien que mal.*—Louis XIV. was hard pressed and almost reduced to despair in the last war he waged for the succession in Spain.

PAGE 39.

2. wenn mir recht iſt = wenn ich mich nicht täuſche, *nisi fallor.*

3.   More commonly : ſeit ter Sch. ter W.

4.   tas Univerſum = tas Weltall—an imitation of the French expression *l'univers.*   Comp. p. 41, 10.

9.   ter Haufen instead of ter große Haufen, 'vulgus.'

14.   Hofleute is the plural of ter Hofmann.

18.   nach allen Möglichkeiten is not exactly an idiomatic expression instead of the singular nach Möglichkeit.   We should, however, generally say in this sense ich bin ſo unglücklich wie nur möglich.

24.   The expression ten Bogen ſpannen is proverbial for exerting one's strength.   Comp. Horace's well-known *neque semper arcum Tendit Apollo.*

31.   For Stoiciśmus, comp. p. 38, 2.

<h3 style="text-align:center">PAGE 40.</h3>

1.   The expression means 'to listen to the suggestions of the evil one.'

2.   Ein Gelübte machen is a Gallicism (*faire des vœux*) instead of the idiomatic phrase, ein G. thun.

4.   In Homer's Odyssey the shades of the departed heroes are represented as walking κατ' ἀσφόδελὸν λειμῶνα.   In the passage in question, λ 539, Chapman translates—

> This made the soul of swift Achilles tread
> A march of glory *through the herby mead.*

Compare Longfellow, *Evangeline* 561 : "Crown us with asphodel flowers, that are wet with the dews of nepenthe."

9.   Another Gallicism : *je me tirerai de l'affaire.*

12.   The Emperor of Austria bears the title of *Apostolic,* the king of France that of *Most Christian* Majesty.   The expression ſehr moſ. kowitiſch is, of course, merely ironical.

13.   Frederick was treated by his enemies as a mere upstart king who ought properly to be reduced to the rank of his predecessors who were mere *Counts of the Marches,* Marfgrafen.   The word *Marquis* is the French equivalent.

16.   Einem and einen are used to replace the dative and accusative of the indefinite pronoun man.

18.   Doch = *mais oui ;* I am in danger of drowning in spite of your asseveration.

25.   Frederick had also published various pamphlets against his enemies in the course of the year.

NOTES.

30. Nestor—

> Whom Fame reports to have commanded three
> Ages of men, and does in sight to me
> Shew like th' Immortals.

Chapman, Homer's *Odysseys*, book III. (p. 360, ed. R. H. Shepherd).

PAGE 41.

10. Frederick professes his endeavour to take such a view of this world of ours, as may be obtained by a mere outsider who lives on quite a different planet.

16. This is a shortened conditional clause, instead of wenn es etwas …zu thun gibt.

17. unter uns gesagt is properly a curtailed sentence in which sei es is omitted. The French say merely *entre nous*.

27. Energie is not a very happy expression in this place, inasmuch as Frederick's resolution was not, after all, carried into effect. Perhaps finstere Strenge or finsterer Ernst would have been preferable.

PAGE 42.

3. If Frederick had fallen alive into the hands of the Austrians, his liberty would then have been purchased by his subjects at the price of the most enormous concessions which would have ruined the State.

6. Kind is often idiomatically used to denote a genuine son of some land or town, e.g. er ist ein echt Frankfurter Kind, 'he is a thorough Frankforter.' So in French we have the expression *un enfant du siècle.*

10. etwa may be translated by 'say.' It introduces an example picked up at random.

12. sein letzter Plan, 'his ultimate plan,' in case of necessity.

15. See the whole letter as given by Carlyle, XVIII. 7.

18. The expression rüsteres Behagen is elucidated by referring to lines 11—13, above.

23. Ein antiker Tod, 'death in the manner of the ancients,' by committing suicide as heroically as Cato, Brutus, Thrasea, etc.

26. Die Philosophie aus der Schule der Stoa is a somewhat affected phrase in the sense of seine Stoische Ph. or simply seinen Stoicismus (comp. p. 39, 31).

30. See Carlyle, XIX. 1, who says "The loss of his Wilhelmina… has darkened all his life to Friedrich. Readers are not prepared for the details of grief we could give and the settled gloom of mind they indicate. A loss irreparable and immeasurable; the light of life, the one loved heart that loved him, gone."

PAGE 43.

1.   It would be more correct to say, bei dem größten aller Deutschen.

4.   ernsthaft is employed instead of ernst.

11.   Elizabeth of Russia (d. beginning of January, 1762), was succeeded by her nephew, Peter III., a great admirer and blind imitator of Frederick the Great. He at once made peace with the king and gave back to him all the territory the Russians had occupied.

13.   überwinten is not commonly used absolutely without an object, in which case siegen should be preferred.

15.   On Wednesday, March 30th, 1763, Friedrich returned to Berlin "between eight and nine in the evening," and "*not* through the solemn receptions and crowded streets, drives to the Schloss." Carlyle, XX. 13.

25.   Bildungen = Schöpfungen.

PAGE 44.

1.   etwas bestreiten is idiomatically used of covering the expenses of something.

5.   The usual expression is Jemanten in einen Kreis stellen (not setzen).

8.   die Dienste is here used in the sense of die Dienstleistungen.

13.   It would, perhaps, be more correct to say so lohnend wie möglich, as als is properly employed after a comparative, and wie after a positive. This rule is not, however, uniformly observed even by the best writers.

15.   produciren = hervorbringen, erzeugen. — Directly afterwards, the author uses a German phrase, über die Grenzen fahren, instead of the foreign exportiren, which is more commonly employed.

22.   massiver = fester, dauerhafter.

24.   Feuersocietät: the usual term is Feuerversicherungsgesellschaft.

25.   We say eine Schule stiften, 'to endow a school,' and eine Schule einrichten or gründen, 'to found a school.'—anziehen, 'to attract,' is here used in the sense of heranziehen, 'to draw into the country.'

30.   ausbleiben = fehlen.

Page 45.

1. das Schmerzenskind, 'a child brought forth and reared with pain,' is a most idiomatic compound, though it is—strangely enough—not registered in Sanders' *Dictionary.*

5. Regiment = Regierung.

6. At Rome the Pope still continues to publish an *Index librorum prohibitorum.* The works which figure in that list, are as a rule the most widely read works of the time.

9. zum Verwundern = so daß man sich darüber wunderte.

14. Lanttuch is an unusual compound, denoting im Laute verfertigtes Tuch, 'homespun.'

17. die Subalternen = untergeordnete (p. 48, 14) Beamten.

22. Ueber etwas sorgen is an unusual construction; ordinary usage is in favour of the preposition für.

23. Confiscation = Einziehung des Vermögens.—Verweisung = Verbannung. We say Einen des Landes verweisen, to order some one out of the country.

28. Compare the colloquial phrase seine Nase in Alles stecken, 'to poke one's nose into everything,' i.e. to be meddlesome, or a busy-body.

31. handgreiflich, 'manifest' (in the original sense of the word).

Page 46.

2. Die Schwedenzeit is the time when the Swedes used to devastate the country with fire and sword, during the Thirty Years' War.

6. dürstig = nothdürstig, 'scantily.'

13. einziehen, 'to sequestrate.'

18. veruntreuen = unterschlagen.

30. sitzen. See note on p. 3, 27.

Page 47.

1. Cultur = Bebauung.

4. unabsehbar, 'interminable'; it was impossible to *see* the end of them.

10. Industrien = Gewerbszweige.

19. Perhaps a more intelligible expression would be ein spartanischer Geist der Hingebung.

24. Observe the omission of the copula und.

26. Sich etwas zu gute thun is a very idiomatic phrase for 'gratifying one's self in something.' We also say with a kind of Latinism, sich ein Bene thun.

27. Another expression is auf der Stelle sein.

PAGE 48.

3. Eine Kreisstadt is the principal town of a circle, i. e. the subdivision of a province.   Comp. p. 46, 20.

6. Schulz = Schultheiß (Schulr, heißen), lit. one who orders the fulfilment of duties, the chief magistrate of a town.—allmonatlich = jeten Monat.   Thus we have alljährlich, alltäglich.

10. Besoldung = Gehalt, p. 47, 26.

12. The Zweigroschenstücke are 'thrown down' on the table to test their metal by the sound.

17. Frederick called himself the first servant of the State, not out of mere *fancy* (Laune), but in serious earnest.

19. The omission of the definite article before the superlative höchste Ehre is very unusual.

21. More usually we should say in einem entlegenen Grenzort.

30. durchbringen includes the notion of transporting safely and unobserved.

PAGE 49.

1. The sentence begins very emphatically with und, which may be rendered in English by translating ' and after all.'

10. Immanuel Kant, the great philosopher of Königsberg in Prussia, 1724—1804.

21. Frederick's queen and himself resided apart after the Seven Years' War.

23. The 'quiet gardens' are the park of Sanssouci.   Frederick has sometimes been called der Einsiedler von Sanssouci.

PAGE 50.

2. sollen should be translated by the verb *to be ;* ' it was not to exist for ever.'

3. The 'machinery' of the Prussian State broke under the weight of the attack of Napoleon, in the battle of Jena, 1806.

4. Intelligenz = Verstandeskraft.

5. Patrietiḿmuḱ = Vaterlanteśliebe.

8. The first division of Poland took place in 1773. See Carlyle, XXI. 4.

14. This is another instance of a shortened conditional clause, instead of wenn ſchon...gewesen waren.

17. auśſchmücken, 'to dress up,' denotes the putting forth of these weak arguments in the most plausible manner possible.

19. Comp. p. 43, 20.

20. We might also employ the genitive Blutes, and even Ströme Blut would not be altogether unexampled. There is also the compound Blutſtrȫme.

25. Lantgewinn = Lanterwerb (comp. l. 10 and 17).

26. Siegeśfanfare = ſchmetternte Muſik zur Feier teś Siegeś. The word Fanfare is originally French and does not seem to occur in any of our classical writers; there are instances quoted from Heine, Freiligrath, and Scherr.

28—p. 51, 12 is translated 'by a good hand' in Carlyle's *Frederick the Great*, XXI. 4.

PAGE 51.

2. 'The great ancestor' is the Great Elector, Friedrich Wilhelm.

6. We might also say mit Auśnahme einiger altſächſiſchen Territorien (or Lantſtriche, to employ an expression of German growth).

8. Völkerwanterung is the term technically employed to denote the migrations of the German tribes of the Goths, Lombards, Franks, Burgundians, &c. in the period embracing the fourth to the seventh centuries after Christ—migrations which caused the downfall of the great Roman Empire of the West and terminated in the establishment of a number of Germanic kingdoms.

14. The independence of Prussia proper was recognised in the treaty of Oliva (a monastery near the city of Danzig), May 3, 1660.

15. It may be interesting to hear the judgment of Frederick the Great on the 'resolute' act by which Frederick I. acquired the royal title. He says in his *Mémoires pour servir à l'histoire de la maison de Brandebourg*, p. 116 (Leipzig, 1875): "C'était une amorce que Frédéric III jetait à toute sa postérité, et par laquelle il semblait lui dire: 'Je vous ai acquis un titre, rendez-vous en digne; j'ai jeté les fondements de votre grandeur, c'est à vous d'achever l'ouvrage.'"

16. Poland was then a republic of nobles with an elective king at their head.

19.   Catharine II. succeeded Peter III. on the throne of Russia. She reigned 1762—1796.

21.   Pommereßen is the ancient name of the country around the city of Conitz.—Kulm on the Weichsel (Vistula), one of the oldest towns in that country, seat of a bishop and formerly an influential part of the confederacy of the Hansa.—Marienburg, on the Nogat, was founded by the knights of the German Order (Deutschherrenorten) in 1276; it is still famous for the splendid palace of the *Hochmeister*, who used to reside there.

22.   Ermeland ('Varmia' in olden times) is the name of a diocese, the bishop of which resides at Frauenburg.—Elbing is an important town not far from the Baltic, on the river Elbing, which comes out of a lake called Drausensee.

25.   Urzeit = alleralteste Zeit.   The common idiom is in the plural, seit Urzeiten.

PAGE 52.

1.   Danzig "existed as early as the sixth century, and was an important place about 990, when St Adalbert preached Christianity in Prussia.   Its possession was long a matter of contest between Poland, Pomerania, Denmark, and Brandenburg, but in 1310 it came into the possession of the knights of St John.   It developed and prospered, and was one of the principal towns of the confederacy of the Hansa.   When the Order lost its power and energy in the 15th century, Danzig became one of the gems of the Polish crown; in 1793 it was incorporated by Prussia.   The site of Danzig is so beautiful that A. von Humboldt once called it the Naples of the North....The various channels of water which cross the town have procured it the name of the Venice of the North."   Daniel, *Manual of Geography*, p. 924.

5.   Rival(e) = Nebenbuhler.

7.   Fürstenschloß, 'a princely palace,' not exactly one inhabited by princes.

9.   Die Niederung means a marshy lowland.

12.   Marienwerder was founded as early as 1232, by the first Hochmeister in Prussia.

14.   Grenzstrich = Grenzland.

17.   Pelplin is now the residence of the bishop of Kulm.

19.   Grundherr, 'lord of the manor' (Grund in the same sense as in the well-known phrase unser Grund und Boden).

23. trei Biertheile : the abbreviated form trei Biertel is more commonly used.

25. Kirchspiel, 'parish.'—Unb is employed emphatically instead of unb in ter That.

31. feine, i. e. tes polnischen Utels.

PAGE 53.

3. Nicht gleich is more emphatic than ungleich or verschieten.

9—54, 5 is translated in Carlyle's *Frederick the Great*, XXI. 4.

13. Glockenrecht is the privilege of having a church with steeple and bells.

15. 'Wring the Lutheran, he is sure to give thee the dollar.'

24. Pfaffe, originally a word of good sense, has now got to be exclusively employed in a contemptuous manner. The honourable term is ter Pfarrer or ter Geistliche.

30. Carlyle observes that Roskowski is 'a celebrated symbolical nobleman.' We are unable to state how far the fact related here may be supported by historical evidence.

PAGE 54.

1. brantschatzen means to impose a fine upon a city with the threat of burning it in case of refusal (einer Statt eine Schatzung auflegen mit ter Trohung, im Fall ter Nichtleistung zu brennen unb zu sengen, Sanders).

13. Der grefie König is, of course, Frederick II.—wenig geneigt is almost synonymous with the more familiar adj. abgeneigt.—Das Lant is here employed in the sense of tas offene Lant, in opposition to the towns, 'the country.'

17. Trestlosigkeit is idiomatically used to denote utter dilapidation and decay. We thus say, tas sinb wirklich trostlose Zustänte, 'this is indeed a hopeless case !'

18—56, 15 is translated in Carlyle's *Frederick the Great*, l. c.

20. alt = althergebracht, 'long established.'

26. Höfe = Bauernhöfe, 'farmsteads.'

28. noch heute, 'even nowadays,' in the present advanced state of historical investigation.

30. The Netze is the most considerable tributary of the Wartbe, which is itself the main tributary of the Cter. The Netze comes out of a small lake near Brdow, and serves to supply the canal described below, p. 58, 27 sq.

PAGE 55.

4. Factionen = Parteien.

5. ſich ſchlagen is idiomatically employed for 'to fight.' Compare the French *se battre*.

9. Die Ziegelbroden = die zerbröckelten Ziegel. The compound Ziegel-broden is not registered in any extant dictionary; we may, however, compare the analogous Lavabroden, which is used by Goethe (see Sanders, 1, 221).

16. zumal = zumeiſt or ganz beſonders.

17. ſitzen. See page 3, 27.

20. altheimiſch = heimiſch ſeit alter Zeit.

26. Der Hausrath is less usual than das Hausgeräth, in which the collective sense is more distinctly expressed.

27. Weihwaſſer, 'holy water' = geweihetes Waſſer; comp. Weihnacht, 'Christmas.'

28. wüſt, 'uncivilized, savage.' Properly used of a place, 'waste.'

PAGE 56.

2. This should be understood as if it were wenn die Leute ja (wirklich) einmal Bienenſtöcke hielten.

4. Bark they had clandestinely pealed off the trees of the lords of the manor.

5. erſtehen means to purchase after bargaining.

9. auch = ſogar. So again l. 15.

13. Hakenpflug is a peculiar kind of plough without wheels, much in vogue among the Slavonic tribes. In Carlyle's translation it is rendered by 'hook-plough.'

14. Holzpantoffeln, 'wooden shoes,' are rarely worn by German peasants, but are common in Belgium and France. The French term is *sabots*.

24. Staroſt = Landhauptmann, the nobleman presiding over the administration of a province.—Die Güter der Krone are the crown domains.

30. Geheimmittel, 'a secret mysterious medicine,' in which sense we often employ the Latin *arcanum*.

PAGE 57.

1. We might also employ the genitive here after the verb bedürfen : see Auc, § 349 (p. 288).

4. abenteuern is not commonly used in the sense of ſich Abenteuern ausſetzen; but the present participle is often used as a synonym of abenteuerlich.

5. mochte = konnte nur immerhin; he might (if he liked). '

7. In a less concise style we should say, es gab wenig Dörfer.

12. More commonly eine ſolche Erſcheinung.

15. pflegen is idiomatically used of *tending carefully*, hence of superintending and administering. Thus in the phrase des Rechtes pflegen, to administer law. Hence also Luther styles Pontius Pilate Landpfleger, St Matth. xxvii. 2.—bewahrten = erhielten, 'kept up.'

16. unkräftig = ſchwach, ohnmächtig (l. 6).

20. Händel is especially used of 'quarrels.' Hence Händel ſuchen, 'to pick a quarrel.'

25—28 is translated in Carlyle's *Frederick the Great*, l. c.

25. verlaſſen, 'desolate': though it properly is even more, being almost synonymous with aufgegeben, i.e. von Gott und Menſchen verlaſſen.

28. Prairie (originally a French word) is the term technically applied to the wide-stretching open plains in the interior of America.

PAGE 58.

3. Observe the plural Mann, not Männer; see Aue, § 147, note 2 (p. 127).

6—59, 2 is translated in Carlyle, l. c.

12. Wildniß, 'a waste howling scene' (Carlyle).

16. Kirchengemeinte = Kirchſpiel, p. 52, 25.

17. The expression Compagnie appears to be intentionally used in order to suggest the idea of military drill and discipline in these schoolmasters.

19. Semler (Johann Salomon), "famous over Germany, in Hall-University and *Seminarium*" (Carlyle).

21. Ziegelſtreicher, 'brick-maker.'

24. Die Staroſtei, 'the domains of the governors.'

25. ausſtecken denotes the process of setting boundary stones.

PAGE 59.

1. Waſſerader, 'a vein of water,' is used to denote a canal.—entſumpfen, 'to drain' what had formerly been a swamp.

6. The Germans had been the earliest colonists and tillers of the soil.

10. wie would be more correct than als; see note on p. 44, 12.

14. sich öffnen, 'to disclose one's self' is more especially used of disclosing one's heart or innermost thoughts, sein Herz öffnen or aufschließen.

16. In one of his most remarkable essays, *on German literature*, Frederick the Great prophesied its future grandeur. He thought he could discern the dawn of a great future—he was not aware that the sun had already risen!

22—60, 6 is likewise translated in Carlyle, l. c.

25. groß = großartig, 'grand.'

28. so gar nichts, 'of not the slightest importance.'

29. ärgerlich is (1) easily annoyed, peevish; (2) annoying or vexatious. It is here of course used in the latter sense.

30. aus dem Dienst jagen is an emphatic expression denoting discharge on the spot.

<h3 style="text-align:center">PAGE 60.</h3>

4. veranciste = outstripped.

6. dem is dativus ethicus; we might also say dessen Glieder kein irdisches Leben bewegt. To this remark of our author's, Carlyle attaches the exclamation, 'fanciful, considerably!'

9. It is, perhaps, out of mere fancy that the writer deviates from the ordinary usage of the language which demands in this phrase the superlative das Kleinste in parallelism with the preceding das Größte.

13. doch, 'after all.'

14. sich in etwas finden, 'to put up with something.'

18. Any little trait of human feeling brought the picture they had of the king's superhuman character a little nearer to their own conceptions, and thus rendered it more familiar.

19. We should understand wenn auch sein Haus noch so einsam war.

30. Frederick died 17th August, 1786, aged 74. See Carlyle, XXI. 9.

<h3 style="text-align:center">PAGE 61.</h3>

3. Einem etwas abringen, 'to gain something from some one by wrestling, to wrest from.'

5. zufällig, 'merely accidental.' Frederick had come to consider all earthly glory to be a mere matter of chance.

10. poetisch, 'in a poet's fashion.' For the matter itself, we may refer to the observations made on p. 16 and 17 of our writer's narrative.

13. This is a Gallicism: *et il finit par mépriser*. In German we should either say er entigte damit, daß er...gering achtete, or schließlich (zuletzt, am Ende) achtete er die Einzelnen gering.

14. ihm is again dat. eth.; in a less concise style we should probably prefer to add the prep. in or bei.

22. Niemanten is the acc. We may also treat Niemand as indeclinable in all cases except the gen. which is always Niemantes.

25. Staatsleben, 'political life and existence.'

Page 62.

(1)

For Gleim, see note on p. 32, 9.

4. We should supply fei from the preceding sentence.

5. feine Thaten, the deeds he requires of me.

6. The verb nehm' ich should be understood.

8. The arms are hung up on the wall on the return of peace. Then the soldier may turn to poetical composition.

14. Friedrichs Muth is courage like Frederick's.

17. The thought is: if I fall, I shall surely fall like a hero. This is very briefly and concisely expressed.—noch sterbend is an instance of a loose participial construction, inasmuch as a sabre (Säbel, 18) cannot be said to die. More correctly it ought to be noch im Sterben or noch in meiner sterbenden Hand.

Page 63.

22. More correctly it ought to be als instead of wie.

23. ihn, i.e. den Heldenter.

26. Dir = in deinem Dienste (dat. eth.).

27. Sternenzelt, 'the starry canopy (of heaven).'

28. Apell is a shortened and pretty frequent form of the name of the god *Apollo*, the patron of music, as *Mars* is of war.

30. Dem Schutz = dem Schützer. The grenadier who is ready to defend and, if necessary, die for the State, will become an ornament of it, in case peaceful leisure should allow him to tune his harp in praise of the great king.

31. Zier instead of eine zierreiche Art des Ausdrucks in der deutschen Sprache.

32. Just as Horace praised the Emperor Augustus, Gleim proposes to sing of Frederick's deeds.

33. Einen fingen is more poetical and less usual than Einen besingen.

For Kleiſt see note on p. 32, 10.

1. tem is the relative, instead of welchem.
2. Legionen Feinte = Legionen von Feinten, or feintliche Legionen.
3. Even the ancients represented the goddess of Victory as winged.
5. The hosts of the enemy are so heavy as to weigh down the hills.

Page 64.

9. Envy is meagre and thin, because full of grudging and longing, never content; ſchiel, 'looking askance,' because covetous.—nietertrāchtig is here used as a synonym of bösartig, gemein, roh.
11. Mertens Höhlen—an allusion to Russia, Oſts—to Austria and Hungary.
15. Schwarm suggests the idea of a disorderly and undisciplined multitude.
16. bliten and niererbliten are often used of the sudden coming down of a sword, like lightning.
18. The heroes still unborn, the heroes of the future.
19. Frieterich (the original form of the name) is the accusative.
20. The first victories of Frederick the Great had been obtained in the mountainous parts of the North of Bohemia.
24. Croaten, the rudest and most savage of the Austrian soldiers. Even nowadays, Croaten unb Panturen are proverbial in this sense.
27. In Ungewittern is poetical instead of the simile, wie Ungewitter.
32. empſahn is archaic and poetical instead of empfangen.
33. Himmel is the plural.
34. wenig is explained by kleinen Haufen in the next line.
36. Getümmel, 'turmoil.'

Page 6;.

(3)

Daniel Schubart (1739—1794), one of the most gifted poets of the 18th century, was confined in the fortress of Hohenasperg, in Würtemberg, on account of the hatred he had manifested for despotic government. He obtained his liberty through the present dithyrambic poem.

2. Friedrichs Thatenruf = ter Ruf ron Frietrichs Thaten. So again v. 7.
5. galt für, 'was taken for'; the boy's tears stood instead of song, for which his tongue was not yet ripe. Cf. v. 25.

9. ungeſtüm, 'violently'; in prose we should, perhaps, prefer the expression mit Ungeſtüm.

10. Drein (= tarein), i.e. to the accompaniment of the harp.—Etwas ſtürmen is a bold poetical phrase in the sense of Etwas ſtürment vertragen.

11. Sonnenberg means a mountain whose top is illumined by the rays of the sun. Schiller says auf des Glaubens Sonnenberge.

14. Kleist fought and sang for Friedrich at one and the same time.

15. The bold words and verses of poets are not unfrequently compared to arrows. Feuerpfeil (or Brantpfeil) means an arrow intended to carry fire into the place towards which it is directed. Schiller uses it metaphorically: Deines Auges Feuerpfeile gleiten Am guten Harniſch meines Buſens ab.

17. The common form is Granate; but as we always say Grenatier (originally = ein Granatenſchleuterer), the poet has ventured on the unusual form Grenate.—The allusion itself will be easily intelligible from our general observation on Gleim.

18. Ramler (Karl Wilhelm), born at Colberg 1725, died at Berlin 1798, the most eminent writer of odes after Klopstock, wrote also numerous poems on Frederick the Great. His poetry is, however, rather formal and lifeless. His translation of Horace was a respectable attempt to reproduce classical metre and prosody in German.

19. einigt = verbintet (in prose).

20. Willamov (Johann Gottlieb), 1736—1777, was once known as a writer of dithyrambic poetry.

21. Dithyrambenſturm = ſtürmente Dithyramben. —wirbeln means to whirl round with great rapidity; here it should be understood of the rapid style and impressive description peculiar to dithyrambic poetry.

22. Anna Luiſe Karſch (commonly called die Karſchin), a poetess once considered a kind of prodigy (1772—1791), wrote much lyric poetry conspicuous for occasional outbursts of great natural talent. (Hence Natur, v. 23.)

27. Wogentrang, 'rush of waves.' The admiration and love the poet feels for the great German hero rush upon him like the waves of the sea.

PAGE 66.

28. The words ich wag's remind us of Ulrich von Hutten's motto: ich hab's gewagt.

30. Donnerhöhe, the height on which thunder dwells.

31. geſteint is less common than ſteinig.

32. The poet compares his dithyramb to a torrent of burning lava streaming down the rocky sides of the hill on which his prison lay.

36. Nachtpfad, a path involved in dark night. Frederick was guided by Providence through many a dark region, and many visitations, till he reached the sanctuary (Heiligthum) of greatness.

39 sq. Frederick was compelled to be present at Katt's execution at Küstrin. The name is properly von Ratte.

41 sq. The king, Frederick William, wished the judges to pass sentence of death on the Crown-Prince for his attempt at flight. The judges, however, refused to do this.

45. This alludes to the happy years Frederick spent at Rheinsberg, 1736—1740.

46. Scepter is used as a masculine, though it is commonly treated as a neuter, in accordance with the gender it has in Greek and Latin.

47. flammt is a more emphatic expression than ſtrahlt.

48. wolkenſammelnd is the German translation of the Homeric epithet νεφεληγερέτα.

51. Nachtgefährtin, 'companion of the night' or 'darkness.' Geführte denotes one who *fares* (goes) the same road (the prefix ge- being used to express union or companionship, as in Geſelle, Genoſſe, etc.). Compare the Old English *gefera*, 'fere.'

52. Plato had said that those states would be happy whose kings were philosophers, or in which philosophers were kings. Frederick fulfilled this ideal (Urbild) of the Greek sage.

53. *Macchiavelli* († 1527) was a famous Florentine writer. In his *Principe* he seems to plead in favour of despotism and crooked policy. Frederick II. wrote against this work (*Antimacchiavelli*).

54. Herrſcherkunſt = die Kunſt zu herrſchen.

55. This is an allusion to Frederick's work *Mémoires pour servir à l'histoire de la maison de Brandebourg.*

57. An allusion to the numerous lyric poems by Frederick the Great.—In prose we should say zur Lyra or zur Leier.

PAGE 67.

58. It is well known that Frederick was a very skilful performer on the flute. See above, p. 32, 2.—*Apollo* is said to have been the original inventor of the flute.

59. Urnacht, 'primeval night' = uranfängliche Nacht.

60. ſtedten, sc. zuſammen.

64. Chicane is conceived as a monstrous serpent vomiting forth venomous scum.

70. Afterwelt is antiquated instead of Nachwelt.—*Julian* (the Apostate, the last heathen Emperor of Rome) is mentioned as the last of the Romans.

72. ' The dark and shadowy meads of Death' means Hades, where the souls of the departed heroes are conceived to be.

74 sq. This is an allusion to the 'oblique order,' for which see n. on p. 29, 23.

77. Wetan is conceived as the ancient German god of thunder, the *Zeus* of Germany.—Fünfmal in reference to the five principal battles of the first and second Silesian wars.

79. Geſtein, instead of Stein or Gteſſtein.

81. ſchredtbar is rare instead of ſchredlich. We read it again v. 94.

82. Gtwas türſten is poetical instead of nach etwas türſten. In the same manner, we find in Latin poetry the phrase *sitire sanguinem.*

85. The golden lilies (*fleurs de lis*) on blue ground were the armorial bearings of royal France.

87. Enkel is used as a general term to denote Nachkomme. Properly speaking, the house of Wasa became extinct in the person of Christina, the daughter of Gustavus Adolphus; her successor Karl Gustav, was not a Wasa, but a Wittelsbach. See note on p. 4, 12.

PAGE 68.

89. Schlachtthal is an unusual compound, formed after the analogy of Schlachtfeld.

92. erzen is not a common adj. instead of ehern. It is, however, occasionally employed by modern poets who aim at an unusual and striking phraseology. Comp. below, v. 152.

95. Heuſchreckenſchwarm ('*nuée de sauterelles*' in French) is used proverbially of an innumerable, dense multitude.—Achten with the gen. means 'to take heed of something'; with the acc. it is simply 'to notice' and 'respect' something. Comp. below, v. 123.

97. Donnerſchlund is a happy poetical expression for a cannon. The original name given to these instruments of destruction when first invented was Donnerbüchſe.

99. Racheſtrahl = rächender Blitz. God is conceived as employing lightning as the instrument of his just vengeance.

101. Observe the effective alliteration in Schwarze Schaaren.

102. A highly effective line, composed of nothing but short mono-syllables, each of which is sure to tell!

106. Der Würgegeist is an emphatic appellation of the Angel of Death and Destruction.

107. Sterbgewinsel = Gewinsel Sterbender.

110. Der Goltfiß is a poetical expression for a royal throne.

114. gen is poetical instead of gegen.

115. bargen = verbargen.

117. Schwerin fell in the battle of Prague, 6th May, 1757; Keith in the battle of Hochkirch, 14th Oct., 1758; Kleist at Kunnersdorf (see above); Winterfeld ("except Friedrich, the most shining figure in the Prussian army" Carlyle) was killed 7th Sept., 1757. See Carlyle, XVIII. 6.

PAGE 69.

119. The very latest thought of these brave men was Frederick's welfare.

124. The mere eye of the dragon (or basilisk) is said to exercise a magic power over small animals, which it fixes to the ground and renders quite motionless.

125. Der zauternde Bundesgenosse is England, from which Frederick received subsidies.

131. The oak, the German tree (see *Ballad* XLII. 16), is conceived as the favourite seat of the souls of departed heroes.

135. It was at Hubertusburg, a hunting-seat of the elector of Saxony, that the negotiations took place, which led to the termination of the war.

136. The compound der Gerichtsengel is very unusual instead of der Engel des Gerichtes, 'the Angel of Doom.'

139. For the exact meaning of this line we refer to Freytag's account, p. 43, 15 with our note.

142. träufen is less usual than träufeln.

145. Frederick is conceived as the Sun, in whose rays the Muses revive.

147. An allusion to one of Frederick's essays, *on patriotism.*

PAGE 70.

149. The common expression is eine kryftallene Quelle.

151. Das Geäffe is less usual than das Nachäffen.—weich is used in the sense of weichlich, 'effeminate.'

152. Marzipan, Fr. *massepain*, marchpane, a kind of sweet biscuit.

155. The countries ruled by Frederick (die Gaue des Selten) went on increasing peaceably, without a blow or stroke.   This should, of course, be understood of the acquisition of part of Poland.

160. Merkbar is less common than bemerkbar and bemerklich; comp. fühlbar, which might also be used here.—Dtem is archaic and poetical for Athem.

163 sqq. These lines may be understood with reference to the resistance Frederick offered to the Austrian plans of annexing Bavaria. Frederick founded the German Fürstenbunt, a confederacy of most of the minor German princes under his protectorate, for the purpose of securing themselves against the encroachments of Austria.

168. grau, 'time-honoured.'

169. Just as Hermann (or Arminius) of old defended the rights of Germany against the Romans, so Frederick is now to uphold them against Austria.   The comparison is, however, somewhat inappropriate.

172. ausgesungen is here used in the sense of 'sufficiently celebrated in song.'   The ordinary sense of this word is quite different.   We say dieser Sänger ist ganz ausgesungen, 'this singer has now sung himself out of all voice.'

PAGE 71.

185. Hultlächelnt = hultvoll lächelnt.

186. In prose, Drang might be replaced by Betrāngniß.

193. ewig, adverb; not only in mortal life, but also in immortality!

CAMBRIDGE: PRINTED BY C. J. CLAY, M.A. AT THE UNIVERSITY PRESS.